DIVIÉRTETE EN ESPAÑOL

NIVEL 3

"Todo en un solo libro para enseñar y aprender el lenguaje español"
Mundo Languages LLC

Diviertete en español nivel 1, 2 and 3 Other Unpublished Works. Type of Work:Text

Registration Number / Date: TXu002426754 / 2024-03-14 Application Title:Diviertete en espanol nivel 1 and 2 Other Unpublished Works. Title:Diviertete en espanol nivel 1 and 2 Other Unpublished Works. Description:Electronic file (eService) Copyright Claimant:Mundo Languages LLC. Address: 201 E 80th St Apt 6B, New York, NY, 10075, United States. Date of Creation:2024 Authorship on Application: Mundo Languages LLC., employer for hire; Domicile: United States; Citizenship: United States. Authorship: Literary Works. Rights and Permissions:LOVE LAW FIRM PLLC, 1936 Hempstead Tpke, Ste 116, East Meadow, NY, 11554, United States

Copyright Note:Regarding group registration: A group of unpublished works may be registered in the same administrative class under 202.4(c) if the following requirements have been met: 1) All the works must be unpublished; 2) the group may include up to ten works; 3) a title must be provided for each work; 4) all the works must be created by the same author or the same joint authors; 5) the authorship claimed in each work must be the same; and 6) the author and claimant for each work must be the same person or organization. Contents: Diviértete en español nivel 1. Diviértete en español nivel 2. Diviértete en español nivel 3. Names:Mundo Languages LLC.

Agradecimientos

Este trabajo fue realizado y recopilado por la autora: Despina Kozulcali. Durante el periodo del COVID se realizó toda la recopilación y las imágenes de cada uno de los vocabularios. Toda la información que existe en este libro es creada por la autora a medida de cada año enseñando español como tutora y maestra en instituciones educativas. Tengo que agradecer a dos personas que ayudaron a terminar este libro. La primera es la editora: Andrea Gómez Venezolana, hizo un trabajo estupendo y al diseñador de la portada del libro los dos hicieron un excelente trabajo.

Al igual que darle la gracias a toda mi familia por siempre apoyarme en toda mi trayectoria al realizar este libro y teniendo la mejor de mi inspiración, la cual es mi hijo.

Realizado por : Despina Kozulcali

Ayuda con el contenido del libro: Fabiola Suarez

Editora en español y arreglo gráfico: Andrea Gómez

Diseñador de la caratula del libro: Maleesha Dinuranga

Introducción

En la serie de libros Diviértete en español, encontrarás todo lo necesario para aprender o enseñar el idioma español en tres niveles, nivel 1 (básico), nivel 2 (intermedio) y nivel 3 (avanzado). Estos niveles están compuestos, a su vez, por tres partes, una primera parte gramatical, una segunda de ejercicios prácticos y una tercera de vocabulario.

La gramática básica española constituye el primer tema en el nivel 1 y está conformada por los siguientes capítulos: el abecedario, los pronombres, los artículos, los saludos y modales, preguntar y responder en español, verbos regulares, la conjugación y uso de los verbos ser y estar, aprender los días de la semana, los meses del año, expresar los números y formas horarias.

El segundo tema de ejercicios y actividades del nivel 1, contiene los ejercicios prácticos elementales, relacionados con la gramática básica. Aquí se plantean diversos ejercicios que te ayudarán a comprender y ejercitar los conceptos aprendidos en la gramática básica.

El vocabulario básico de la lengua española está contenido en el tercer tema del nivel 1. Al recorrer estas páginas te encontrarás con una diversidad de palabras y expresiones básicas del español, que serán de utilidad y provecho no sólo para los principiantes en el aprendizaje del idioma sino también para los más avanzados. Los capítulos de este nivel proporcionan vocabulario con una gran diversidad de imágenes, en los temas de: artículos personales, las partes del cuerpo humano, los deportes, los días y meses del año, nombres de instrumentos musicales, y también se presentan aspectos sobre la vida diaria y el hogar como, la escuela, la familia, y la vestimenta.

Después de finalizar los tres niveles completos, se obtendrá una preparación integral en el conocimiento de la lengua española.

Índice

DIVIÉRTETE EN ESPAÑOL

NIVEL 3

GRÁMATICA

CAPÍTULO 1: Verbos reflexivos

¿Qué es un verbo reflexivo?

Los verbos reflexivos son aquellos en los que el sujeto y el objeto corresponden a la misma persona, es decir, la acción recae específicamente sobre el sujeto. Un verbo reflexivo se puede convertir en verbo transitivo normal cuando no se utiliza el pronombre reflexivo o se utiliza uno diferente al que le corresponde al sujeto y, por lo tanto, la acción se puede llevar a cabo sobre sí mismo (reflexivo: «yo me peino»), o sobre un tercero (transitivo: «yo peino a Juan» o «yo te peino»).

En el infinitivo suelen llevar el pronombre enclítico «se», por ejemplo: peinarse, lavarse, mancharse, acostarse.

Conjugar verbos reflexivos

Los verbos reflexivos en español, siempre se utilizan junto a uno de los siguientes pronombres reflexivos:

- Yo: **me**
- Tú: **te**
- Él, ella, usted: **se**
- Nosotros/as: **nos**
- Vosotros/as: **os**
- Ellos, ellas, ustedes: **se**

Para conjugar el verbo en los diferentes tiempos verbales, sólo debemos seguir las reglas de conjugación del mismo verbo para los tres tipos de conjugaciones: -ar, -er o -ir.

Ejemplo:
aburrirse => aburr + ir + **se**

- Yo **me** aburro
- Tú **te** aburres
- Ella **se** aburre
- Nosotros **nos** aburrimos
- Vosotros **os** aburrís
- Ellos **se** aburren

USOS DE LOS VERBOS REFLEXIVOS EN ESPAÑOL

Identificar y usar los verbos reflexivos es una parte muy importante en el aprendizaje del español. En general, son aquellos en los que la acción del verbo se refleja en el sujeto de la oración, es decir, que la acción rebota como un espejo sobre la persona que habla, en algunos casos expresan una acción compartida o recíproca hacia otro sujeto.

En la forma de infinitivo los encontrarás acompañados del pronombre SE al final.

Ejemplos:
DespertarSE, lavarSE, ponerSE, etc.

Esta forma «SE» se convierte en un pronombre reflexivo que permite la conjugación del verbo así:

Yo Me

Tú Te

Él/ella/usted Se

Nosotros Nos

Vosotros Os

Ellos/ellas/ustedes Se

Estos pronombres reflexivos se ubican delante del verbo «conjugado» y el imperativo negativo.

Me levanto muy temprano todos los días. (Presente indicativo)

Las chicas **se maquillaron** para la fiesta de anoche. (Pretérito indefinido)

¡No **te acuestes** tarde! (imperativo negativo)

También pueden estar después del verbo en el imperativo afirmativo, el gerundio o con el infinitivo, y además estarán unidos al verbo.

¡Lávate las manos antes de comer! (Imperativo afirmativo)

Me golpeé con la silla sentándome mal. (Gerundio)

Voy a ponerme el vestido que compré. (Infinitivo)

Algunos verbos cambian de significado cuando son reflexivos.

Por ejemplo:
Quedar y quedarSE.
Quedé de ir al cine con Valeria. (Quedar)
Nos quedamos en casa pasa descansar. (Quedarse)

Despedir y despedirse
Julia trabajó por última vez ayer, la despidieron por llegar tarde. (Despedir)
No tuve tiempo de despedirme de todos mis amigos antes del viaje. (Despedirse)

Ahora veremos algunos verbos reflexivos divididos por grupos según su uso. Es muy útil tener esta lista a la mano para usarlos adecuadamente.

Verbos reflexivos que indican acciones del sujeto hacia sí mismo: acostarse, bañarse, cepillarse, ducharse, estirarse, lavarse, levantarse, llamarse, maquillarse, mirarse, peinarse, ponerse (la ropa), quitarse (la ropa), rascarse, secarse, sentarse, vestirse.

Verbos reflexivos que indican acciones recíprocas (el uno al otro): amarse, conocerse, pelearse, encontrarse (con alguien).

Verbos reflexivos que indican acciones no deliberadas: caerse, confundirse, romperse, olvidarse, perderse.

Verbos reflexivos que indican un cambio de condición física: acercarse (a), alejarse (de), bajarse (de), callarse, cansarse, curarse, despertarse, dormirse, enfermarse, envejecerse, mojarse, moverse, mudarse (de casa), subirse (a).

Verbos reflexivos que indican un cambio de condición social: casarse (con), divorciarse (de), empobrecerse, enriquecerse, graduarse (de)

Verbos reflexivos que indican un cambio de percepción: acordarse (de), acostumbrarse (a), asegurarse (de), darse cuenta (de), enterarse (de), interesarse (por), fijarse (en), olvidarse (de).

Verbos reflexivos que indican un cambio de estado o reacción emocional: aburrirse, alegrarse (de), asustarse, avergonzarse, calmarse, cansarse (de), divertirse, enamorarse (de), enfurecerse, enloquecerse, enojarse, enorgullecerse, entristecerse, preocuparse (de), tranquilizarse.

Algunos verbos que cambian de significado con el pronombre reflexivo: despedir vs despedirse, dirigir vs dirigirse (a), encontrar vs encontrarse (con), ir (a) vs irse (de), llevar vs llevarse bien/mal (con), meter vs meterse (con), parecer vs parecerse (a).

Algunos verbos que siempre son reflexivos: acordarse (de), apropiarse (de), arrepentirse (de), atreverse (a), equivocarse, esforzarse, jactarse (de), quejarse (de), rebelarse, suicidarse.

CAPÍTULO 2: Voz pasiva

La voz pasiva permite enfocarse en una acción o en un estado. El sujeto de la acción no tiene relevancia o importancia, no se conoce o se asume que todo el mundo lo conoce.

Voz activa y voz pasiva

La **voz activa** se usa para resaltar quién o qué está realizando la acción.

Ejemplo:
La ambulancia conduce al herido al hospital.

La **voz pasiva** se usa para colocar y enfocar la acción en sí mismo.

Ejemplo:
 El herido es conducido (por la ambulancia) al hospital.

Uso

La voz pasiva de proceso se usa para destacar una acción. La voz pasiva de estado describe un suceso una vez que este ya ha finalizado.

Sin embargo, la voz pasiva de proceso no se suele usar. Se usa como un lenguaje oficial o en algunos artículos de prensa. En el lenguaje corriente o común se usa más bien la voz activa.

Voz pasiva de proceso (con SER)

Voz pasiva de estado (con ESTAR)

Ejemplo:
La policía <u>recoge</u> *los testimonios.*

Pasiva de proceso:
Los testimonios <u>son recogidos</u> (por la policía).

Pasiva de estado:
Los testimonios <u>están recogidos</u>.

Testimonios (masculino, plural) → recog<u>os</u>

Tiempos verbales en la voz activa, la pasiva de estado y la pasiva de proceso:

Pasiva de proceso	Activa	Pasiva de estado
Los testimonios <u>son recogidos</u>.	← **Presente** → La policía recoge los testimonios.	Los testimonios <u>están recogidos</u>.
Los testimonios <u>eran recogidos</u>.	← **Imperfecto** → La policía recogía los testimonios.	Los testimonios <u>estaban recogidos</u>.
Los testimonios <u>fueron recogidos</u>.	← **Indefinido** → La policía recogió los testimonios.	Los testimonios <u>estuvieron recogidos</u>.
Los testimonios <u>han sido recogidos</u>.	← **Pretérito perfecto** → La policía ha recogido los testimonios.	Los testimonios <u>han estado recogidos</u>.
Los testimonios <u>habían sido recogidos</u>.	← **Pretérito pluscuamperfecto** La policía había recogido los testimonios.	Los testimonios <u>habían estado recogidos</u>.
Los testimonios <u>serán recogidos</u>.	← **Futuro simple** → La policía recogerá los testimonios.	Los testimonios <u>estarán recogidos</u>.
Los testimonios <u>habrán sido recogidos</u>.	← **Futuro compuesto** → La policía habrá recogido los testimonios.	Los testimonios <u>habrán estado recogidos</u>.

Pasiva de proceso	Activa	Pasiva de estado
Los testimonios <u>serían recogidos</u>.	← **Condicional simple** → La policía recogería los testimonios.	Los testimonios <u>estarían recogidos</u>.
Los testimonios <u>habrían sido recogidos</u>.	← **Condicional compuesto** → La policía habría recogido los testimonios.	Los testimonios <u>habrían estado recogidos</u>.

La voz pasiva en tiempos diferentes:

Verbo activo	Verbo pasivo
Escribe	Es escrito
Escribió	Fue escrito
Escribirá	Será escrito
Escriba	Sea escrito
Ha escrito	Ha sido escrito

Ejemplos:

- El ladrón roba el dinero del centro comercial. (Activa)
  El dinero **es robado** del centro comercial por el ladrón. (Pasiva)

- Las fuerzas enemigas derrotaron a las tropas. (Activa)
  Las tropas **fueron derrotadas** por las fuerzas enemigas. (Pasiva)

- Todos admirarán tu exposición. (Activa)
  Tu exposición **será admirada** por todos. (Pasiva)

- El terremoto ha destruido la villa. (Activa)
  La villa **ha sido destruida** por el terremoto. (Pasiva)

- El mejor ingeniero de la ciudad había construido el palacio. (Activa)

  El palacio **había sido construido** por el mejor ingeniero de la ciudad.

Voz activa: El mecánico reparó el coche.

Voz pasiva: El coche fue **reparado** por el mecánico.

Voz activa: Los niños treparon los árboles.

Voz pasiva: Los árboles fueron **trepados** por los niños.

Voz activa: Jaime escribió la carta.

Voz pasiva: La carta fue **escrita** por Jaime.

Voz activa: Los alumnos entregaron las composiciones.

Voz pasiva: Las composiciones fueron **entregadas** por los alumnos.

La voz pasiva en los medios de comunicación:

En español, el uso más frecuente que se le da a la voz pasiva es para abreviar y capturar la atención en el medio escrito, por ejemplo, en los periódicos o revistas.

- Niño de ocho años rescatado de incendio. (= fue rescatado).
- Pequeño pueblo de Santa Fe visitado por el papa. (= fue visitado).

Con la palabra «SE»

Una forma muy común de usar la voz pasiva es usando el pronombre «SE» (de la tercera persona singular y plural del verbo). Esta construcción es más común cuando la persona o agente que ejecuta la acción no es importante.

Ejemplos:
- Se venden libretas en aquella tienda.
- Se alquila la casa.
- Se usa mucha sal en Chile.
- Se cena a las diez.

Ejemplos:
Un hombre ha sido atropellado por un coche. Ya se ha llamado a una ambulancia.
El herido es conducido al hospital.

Los testimonios han sido recogidos por la policía. La familia del

CAPÍTULO 3: Oraciones compuestas

La **oración compuesta** o **compleja** es una que tiene más de un verbo conjugado y dos o más proposiciones, es decir, tiene más de un verbo y de un predicado: por ejemplo, las constituidas por la unión de dos oraciones simples mediante un conector. En otras palabras, es la unión mediante un nexo o conector de dos oraciones independientes.

Ejemplo:
He comprado entradas para la obra de teatro que estrenan este fin de semana.

Hay tres tipos de oraciones compuestas:

1- COORDINADAS:

Se conectan oraciones simples mediante conjunciones que las unen, las separan o las contraponen.
Podemos distinguir los siguientes tipos:

1. 1. COPULATIVAS.

Los nexos que se utilizan son: Y, E, NI
Ejemplo: *No contestes al teléfono **ni** le abras la puerta a nadie.*

1.2. DISYUNTIVAS.

Los nexos que se utilizan son: O, U.
Ejemplo: *¿Estudias **o** trabajas?*

1.3. DISTRIBUTIVAS.

Los nexos que se utilizan son: **BIEN ...BIEN; TAN PRONTO ...COMO; YA ...YA**
Ejemplo: *Mi padre **tan pronto como** canta se hunde en la depresión.*

1.4. ADVERSATIVAS.

Los nexos utilizados son: **PERO, MAS, NO OBSTANTE, AUNQUE, SIN EMBARGO, CON TODO, SALVO, EXCEPTO, SINO (QUE).**
Ejemplo: *La ruta fue dura, **aunque** valió la pena.*

1.5. EXPLICATIVAS.

Los nexos utilizados son: **ESTO ES, ES DECIR, O SEA**.
Ejemplo: *No iré a la fiesta, **o sea**, que no me esperéis.*

Ejemplos:
Te vi delgada **y** me maravillé.
(La y une las oraciones simples).

Miguel se compró una guagua **e** Isabel, un convertible.
(La e une las oraciones simples).

¿Te sirvo un refresco **o** compramos jugo natural?
(La o separa las oraciones simples).

Quise asistir a la actividad, **pero** me enfermé.
(Pero contrapone las oraciones simples).

2- SUBORDIBADAS:

Pertenecen a una oración principal. Las oraciones simples se unen a las oraciones principales por medio de las palabras: que, cuando, como, porque, para que, por lo tanto, cual, quien, donde, aunque...

Ejemplos:

Nos encontraremos donde acordamos ayer.

Te lo dije con tiempo para que te prepararas.

Podemos distinguir los siguientes tipos de oraciones subordinadas:

2.1. SUSTANTIVAS

Las proposiciones subordinadas sustantivas realizan la misma función que la nominal: sujeto, atributo, suplemento, complemento del nombre o complemento del adjetivo.

2.2. ADJETIVAS O DE RELATIVO.

Las proposiciones subordinadas adjetivas o de relativo son:

-Pronombres relativos (que, cual, cuales, quien, quienes)
-Los determinantes relativos (cuyo, cuya, cuyos, cuyas)
-Los adverbios relativos (donde, como, cuando)

Existen dos tipos de proposiciones subordinadas adjetivas o de relativo:

2.2.1) Especificativas

Nos dan una información imprescindible para entender el significado de la oración.

Ejemplo:
El hombre que está junto al piano es mi tío.

2.2.2) Explicativas

Nos dan una información que se podría omitir.

Ejemplo:
Ana, que es una chica estupenda, será la capitana del equipo.

2.3. ADVERBIALES

Las proposiciones adverbiales desempeñan la función de un complemento circunstancial, aunque no todas se pueden sustituir por un adverbio.

- **DE LUGAR (DONDE)**
  Ejemplo:
  Nos reunimos donde nos dijeron.

- **DE MODO (COMO, SEGÚN, SIN)**
  Ejemplo:
  El formulario según las instrucciones.

- **DE TIEMPO (CUANDO, ANTES QUE, DESPUÉS QUE, APENAS, MIENTRAS, AL + Infinitivo)**
  Ejemplo:
  Al bajar del tren me acordé de ti.

- **CAUSALES (PORQUE, PUES, PUESTO QUE, COMO)**
  Ejemplo:
  Te llamo porque necesito ayuda.

- **CONSECUTIVAS (TANTO QUE, TAN ...QUE, TAL ...QUE)**
  Ejemplo:
  Tiene tanto dinero que vive en un hotel.

- **FINALES (PARA QUE, A FIN DE QUE, A QUE, PARA...)**
  Ejemplo:
  Mi familia me llamó para felicitarme.

- **CONDICIONALES (SI)**
  Ejemplo:
  Si comienza a nevar, quédate a dormir.

- **CONCESIVAS (AUNQUE, A PESAR DE QUE, CUANDO)**
  Ejemplo:
  Aunque esté enferma, haré el viaje.

- **COMPARATIVAS**

  De inferioridad-**MENOR QUE o MENOS QUE**

  De superioridad-**MAYOR QUE o MÁS QUE**

  De igualdad- **TAL ...COMO, TAN ...COMO, IGUAL ...QUE**

  Ejemplo:
  El vestido es tan bonito como esperaba.

3- <u>YUXTAPUESTAS.</u>

En este caso no existen nexos y las proposiciones se yuxtaponen (Poner una cosa junto a otra). Aparecen signos ortográficos como el punto y coma o la coma.

Ejemplo:
Llueve; no podremos ir al campo.
Cocinamos durante todo el **día; terminamos** agotadísimos.
Mis familiares me **aman, me respaldan, me** miman.

CAPÍTULO 4: Gerundio y progresivo

El gerundio regular:

Este se forma añadiendo las siguientes terminaciones al radical:

Conjugación	Formación
1ª conjugación:	**-ando**
2ª conjugación:	**-iendo**
3ª conjugación:	**-iendo**

Ejemplos:

Infinitivo	Participio
Hablar	Habl-**ando**
Beber	Beb-**iendo**
Vivir	Viv-**iendo**

El gerundio irregular:

Algunos gerundios de la 3.ª conjugación presentan un cambio de vocal en el radical. Esta misma irregularidad se presenta en la 3.ª persona, singular y plural, del pretérito. Los siguientes verbos forman el participio pasado de manera irregular:

Infinitivo	Gerundio	Infinitivo	Gerundio
Decir	**Diciendo**	Repetir	**Repitiendo**
Dormir	**Durmiendo**	Seguir	**Siguiendo**
Morir	**Muriendo**	Sentir	**Sintiendo**
Pedir	**Pidiendo**	Servir	**Sirviendo**
Preferir	**Prefiriendo**	Sugerir	**Sugiriendo**
Reír	**Riendo**	Vestir	**Vistiendo**
Reñir	**Riñendo**	Venir	**Viniendo**

Otro grupo experimenta un cambio ortográfico cambiando la -i- por -y-:

Infinitivo	Gerundio
Caer	**Cayendo**
Construir	**Construyendo**
Ir	**Yendo**
Oír	**Oyendo**

El uso del gerundio:

El gerundio se usa para:

- **Formar los tiempos progresivos**
- **Describir acciones simultáneas**
- **Servir de fondo para otra acción**

Tiempos progresivos: para estos siempre se usa el verbo estar **+ el gerundio**. Los tiempos simples generalmente los sustituyen, porque son más cortos y llevan el mismo sentido.

Ejemplos:
¡Qué asco! Ese hombre **está comiendo** con la boca abierta.
¡Qué asco! Ese hombre come con la boca abierta.

¿De qué **estás hablando**?
¿De qué hablas?

Pepe **estaba jugando** cuando su mamá lo llamó.
Pepe jugaba cuando su mamá lo llamó.

Estuvieron llegando amigos toda la tarde.
Llegaron amigos toda la tarde.

Acciones simultáneas: en estas se usa un **verbo conjugado + el gerundio** para indicar dos acciones que ocurren al mismo tiempo.

Ejemplos:

Miguel siempre **anda diciendo** tonterías.
La chica **entró llorando**.
El ladrón **salió corriendo**.

Fondo para otra acción: se puede usar el gerundio para crear el fondo para otra acción.

Ejemplos:

Siendo español, no habla inglés.
Hablando tan de prisa nadie le entendió.
Andando lentamente, llegarás en media hora.

El gerundio **<u>siempre</u>** se usa en algún modo verbal y **<u>nunca</u>** de sustantivo, de sujeto, ni de complemento de objeto directo, o complemento de preposición. Para el caso que requiera una forma verbal empleada de sustantivo, se usa el infinitivo, que es siempre masculino singular.

Ejemplos:

El **estudiar** es obligatorio.
Me gusta **nadar**.
Después de **salir**, fui directamente a casa.

EL GERUNDIO O PARTICIPIO PRESENTE

En español el **participio presente** corresponde a la conjugación «ing» en inglés.

Se conjuga sacando las terminaciones -ar -er -ir de los verbos infinitivos y agregando:

1. ando para los verbos que terminan en **AR**

Ejemplo:

Comprar- compr**ando**
Hablar-habl**ando**

2. iendo para los verbos que terminan en **ER** e **IR**

Ejemplo:
Comer-com**iendo**
Vivir-viv**iendo**

Para los verbos que terminan en vocal, la **i** de la terminación **–iendo** cambia a **y** cuando está precedida por una vocal.

Ejemplos:
Leer-le**yendo**
Oír-o**yendo**
Traer-tra**yendo**

Los pronombres reflexivos y de objeto directo van después del **presente participio** como parte de la palabra. Estos verbos llevan acento escrito.

Ejemplos:
Bañarse-bañ**ándose**
Levantarse-levant**ándose**

Todos los verbos infinitivos que terminan en -**ar** son regulares.
Los verbos infinitivos que cambian de raíz y los verbos irregulares decir, venir y poder cambian la **e** por **i** y la **o** por **u**.

Ejemplos:
P**e**dir-p**i**d**iendo**
S**e**guir-s**i**gu**iendo**
D**o**rmir-d**u**rm**iendo**
D**e**cir-d**i**c**iendo**
V**e**nir-v**i**n**iendo**
P**o**der-p**u**d**iendo**
El gerundio funciona primeramente como un adverbio.

Ejemplos:
Comiendo rápido me lleno.
La veo **bailando** todos los días.

PASADO PROGRESIVO

Este se usa para expresar acciones que estaban sucediendo en el pasado.

Ejemplo:
Nosotros **estábamos cantando**.

En español, el pasado progresivo se forma combinando el verbo estar en el tiempo imperfecto con el participio presente o gerundio.
Ejemplos:
Estaba durmiendo cuando Elena llamó.
Ellos **estaban pensando** que sería mejor llegar temprano.
¿**Estabas viendo** las noticias?

CAPÍTULO 5: Comandos

Los mandatos formales e informales.

Los mandatos formales:

Para formar los mandatos formales, se usa la **3.ª persona (singular y plural) del presente del subjuntivo**.

	Afirmativo	Negativo
Singular (usted)	¡Hable! ¡Coma! ¡Venga! (venir)	¡No hable! ¡No coma! ¡No venga! (venir)
Plural (ustedes)	¡Hablen! ¡Coman! ¡Vengan!	¡No hablen! ¡No coman! ¡No vengan!

Todos los verbos que son irregulares en el presente del subjuntivo mantienen las mismas irregularidades en los mandatos.

Los mandatos informales:

Para formar los mandatos afirmativos se usa la **3.ª persona singular del presente indicativo** y para formar los mandatos negativos la **2.ª persona (tú) del presente del subjuntivo**.

	Afirmativo	Negativo
Singular (tú)	¡Habla! ¡Come! ¡Ven! (venir)	¡No hables! ¡No comas! ¡No vengas! (venir)

Estos son los verbos:

	Afirmativo	Negativo
Decir	Di	No digas
Hacer	Haz	No hagas
Ir	Ve	No vayas
Poner	Pon	No pongas
Salir	Sal	No salgas
Ser	Sé	No seas
Tener	Ten	No tengas
Venir	Ven	No vengas

Verbos que terminan en **-gar**:

A estos se les añade una «u» después de la «g» para mantener el sonido correcto ante la letra «e»:

¿Sin la adición de la «u», como se pronuncia «ge»?

Ejemplo:
LLEGAR → yo lle**gu**e

	Presente del subjuntivo
Yo	Lle**gu**e
Tú	Lle**gu**es
Él/ella/usted	Lle**gu**e
Nosotros	Lle**gu**emos
Vosotros	Lle**gu**éis
Ellos/as/ustedes	Lle**gu**en

Verbos comunes que siguen este patrón: apagar, castigar, entregar, jugar, juzgar, negar, obligar, pagar, etc.

Hay algunos verbos muy comunes cuyas formas son irregulares en el subjuntivo:

Verbos	Estar	Ser	Ir	Saber	Haber	Dar
Yo	Esté	Sea	Vaya	Sepa	Haya	Dé
Tú	Estés	Seas	Vayas	Sepas	Hayas	Des
Él/ella/usted	Esté	Sea	Vaya	Sepa	Haya	Dé
Nosotros	Estemos	Seamos	Vayamos	sepamos	Hayamos	Demos
Vosotros	Estéis	Seáis	Vayáis	Sepáis	Hayáis	Deis
Ellos/ellas/ustedes	Estén	Sean	Vayan	Sepan	Hayan	Den

CAPÍTULO 6: Pronombres demostrativos y posesivos

PRONOMBRES DEMOSTRATIVOS

El **demostrativo** sirve para señalar la distancia entre el hablante y lo que se nombra. Los determinantes demostrativos concuerdan con el sustantivo en género y numero. Los demostrativos son: **este, esta, ese, esa, aquel, aquella** y sus plurales.

Ejemplos:
Esta libreta es mía.
Esos anaqueles están muy llenos.
¿Volverán **aquellos** días?

Pronombres demostrativos

Cercanía				
Masculino		Femenino		Neutro
Singular	**Plural**	**Singular**	**Plural**	
Este	Estos	Esta	Estas	Esto

Distancia media				
Masculino		Femenino		Neutro
Singular	**Plural**	**Singular**	**Plural**	
Ese	Esos	Esa	Esas	Eso

Lejanía				
Masculino		Femenino		Neutro
Singular	**Plural**	**Singular**	**Plural**	
Aquel	Aquellos	Aquella	Aquellas	Aquello

PRONOMBRES POSESIVOS

El **posesivo** acompaña al sustantivo para indicar una relación de posesión o pertenencia. Los posesivos son: **mí, mío, tu, tuyo, su, suyo, nuestro** y sus formas en femenino y en plural concuerdan con el sustantivo en género y numero.

Cuando el posesivo va antes del sustantivo, se usa la **forma apocopada**.

Ejemplos:

Tu libro, **mis** zapatos, **nuestros** comestibles.

FORMAS:

Pronombre posesivo					
		Singular		Plural	
Poseedor		Masculino	Femenino	Masculino	Femenino
Singular	1a	El mío	La mía	Los míos	Las mías
	2a	El tuyo	La tuya	Los tuyos	Las tuyas
	3a	El suyo	La suya	Los suyos	Las suyas
Plural	1a	El nuestro	La nuestra	Los nuestros	Las nuestras
	2a	El vuestro	La vuestra	Los vuestros	Las vuestras
	3a	El suyo	La suya	Los suyos	Las suyas

CAPÍTULO 7: Adverbios

ADVERBIOS:

Estos son palabras invariables en género y número que modifican a un verbo, adjetivo u otro adverbio y que funcionan como complemento circunstancial de lugar, tiempo, modo, causa, entre otros.

Cantidad

Mucho	Tanto
Más	Menos
Poco	Nada
Bastante	Muy

Lugar

Aquí	Abajo
Allá	Afuera
Cerca	Adentro
Lejos	Atrás
Arriba	Adelante

Afirmación

Sí	También
Además	Ciertamente

Modo

Bien	Rápidamente
Mal	Cómodamente
Así	Justamente

Duda

Acaso	Quizás
I vez	Quizá

Negación

No	Jamás
Nunca	Tampoco

Tiempo

Mañana	Recién	Aún
Después	Luego	Ahora
Entonces	Antes	Hoy
Temprano	Ayer	Tarde

ADVERBIOS DE LUGAR: cerca, lejos, enfrente, detrás, arriba, abajo, dentro/adentro, afuera/fuera, delante/adelante, detrás/atrás, alrededor, aquí, ahí, allí, acá, allá.

ADVERBIOS DE TIEMPO: ahora, antes, despúes, lejos, siempre, nunca, aún, ya, todavía, hoy, ayer, anoche, mañana, tarde, temprano, pronto, recién, mientras, cuando.

Algunas locuciones adverbiales son: de vez en cuando, de cuando en cuando. Algunos adverbios que terminan en mente son: actualmente, previamente, antiguamente, recientemente, últimamente...

ADVERBIOS DE MODO: bien, mal, despacio, deprisa, adrede, aposta, gratis, así, como, según, peor, mejor.

Algunas locuciones adverbiales son: exprofeso, *a priori*, *ipso facto*, a hurtadillas, por las buenas, a sabiendas, a pies juntillas, a la chita callando, al trote, a troche y moche, de golpe...

Muchos adverbios de modo también pueden terminar en –mente: fácilmente, plácidamente, injustamente, indistintamente....

ADVERBIOS DE CANTIDAD: mucho, poco, tanto, bastante, demasiado, más, muy, tan, menos, algo, nada, mitad, casi, medio...

Algunos pueden acabar en –mente: totalmente, parcialmente, escasamente, completamente...

ADVERBIOS DE AFIRMACIÓN: sí, evidentemente, en efecto, cómo no, claro...

ADVERBIOS DE NEGACIÓN: no, de ningún modo, en absoluto...

ADVERBIOS DE DUDA: quizás, tal vez, acaso, a lo mejor, posiblemente.

LOCUCIONES ADVERBIALES

Su origen son sintagmas preposicionales que, a causa de su frecuente uso, han llegado a gramaticalizarse, es decir, a convertirse en expresiones fijas.

Las hay introducidas con la preposición A: a menudo, a veces, a caballo, a pie, a diestra y siniestra, a la bartola, a traición, a patadas, a coces, a besos... Algunas de estas locuciones además se han unido: aprisa, adrede, aposta...

Las hay introducidas por la preposición EN: en pie, en cuclillas, en efecto, en realidad, en un tris. Algunas de estas locuciones también se han unido: enseguida. **Las hay introducidas por la preposición DE**: de repente, de pronto, de súbito, de veras, de hecho, de continuo, de memoria, de hito en hito, de día...

Con otras preposiciones son menos abundantes, pero existen algunas: sobre todo, desde luego, por poco, por fin, para colmo, sin más, sin comparación, punto por punto.

CAPÍTULO 8: Proverbios

De manera general, estos consisten en ideas y expresiones que describen de forma breve y poética alguna circunstancia de la vida o alguna creencia moral. También implican enseñanzas o imperativos morales con una intención pedagógica por parte de quien los enuncia.

Ejemplos de proverbios:

Nada más débil que el hombre, alimenta la tierra.

Paciencia hermanos y moriremos ancianos.

Estaba furioso de no tener zapatos; entonces encontré a un hombre

que no tenía pies y me sentí contento de mí mismo.

Nadie prueba la profundidad del río con ambos pies.

Trata a los pequeños como tú quisieras ser tratado por los grandes.

No hables mal del puente hasta haber cruzado el río.

CAPÍTULO 9: Diminutivos y aumentativos

DIMINUTIVOS:

Estos los podemos definir como sufijos que se emplean para expresar tamaño pequeño, jovial y hasta cariños. Hay que considerar que los diminutivos que finalizan en **-cito, -cillo, -ecito, -cita, -cilla y -ecita** se escriben con la letra «**c**», con la excepción de aquellas palabras que contengan la letra «**s**» en su última sílaba. Los diminutivos jamás varían el significado de las palabras de las cuales derivan, solamente le agregan valores afectivos o le achican el tamaño al objeto al cual se refieren.

Ejemplos de diminutivos:

1- Mensaje - Mensajito

2- Ratón - Ratoncito

3- Nube - Nubecita

4- Traje - Trajecito

5- Coche - Cochecito

6- Mujer - Mujercita

7- Sol - Solcito - Solecito

8- Hombre - Hombrecillo - Hombrecito

9- Genio – Geniecillo - Geniecito

10- Pie - Piecito

11- Pez - Pececito

12- Corazón - Corazoncito

13- Luz - Lucecita

14- Red - Redecilla

15- Taza – Tacita

Pero como toda regla, los diminutivos también tienen su **excepción**. Las palabras cuya sílaba final empiece en «**s**», formarán su diminutivo con la letra «**s**» y no con «**c**». **Ejemplos de esta regla**:

1. Casa - Casita
2. Camisa - Camisita
3. Beso - Besito
4. Mesa - Mesita
5. Manso - Mansito
6. Peso - Pesito
7. Bolso - Bolsito
8. Cosa - Cosita
9. Rosa – Rosita

AUMENTATIVOS:

A estos los podemos definir como sufijos que se emplean para expresar tamaño grande. Hay que considerar que los aumentativos que finalizan en -**on, ona, azo, ada, ote, aco, ato, acho, achón y ón**, jamás varían el significado de las palabras de las cuales derivan, solamente le agregan valores afectivos o le aumentan el tamaño al objeto al cual se refieren.

Ejemplos de aumentativos:

1. Hombre- Hombrón - Hombrote
2. Mujer- Mujerona
3. Soltero-Solterón
4. Mano- Manazas
5. Coche- Cochazo
6. Rico- Ricachón
7. Muchacho- Muchachote
8. Amigo - Amigazo
9. Buen - Buenazo
10. Éxito - Exitazo
11. Gusto - Gustazo
12. Marinero - Marinerazo
13. Ojos - Ojazos

14. Bueno – Buenón, buenote, buenazo, buenota, buenaza, bonachón, bonachona.

15. Guapo – Guapazo, guapote, guapaza, guapota, guapetón, guapetona.

16. Fresco – Frescón, frescote, frescachón, frescachona.

17. Una puerta – Un puertón («ón» puede implicar la adopción del masculino).

CAPÍTULO 10: Ortografía de las letras

1. Uso de las mayúsculas

Se escribe con letra mayúscula inicial:

- La primera palabra de un escrito y la que va detrás de un punto.
- Los nombres propios.
- Los atributos divinos: *Altísimo, Creador*.
- Los sobrenombres y apodos: *Isabel la Católica*, etc.
- Los tratamientos si van en abreviatura, pero si van completos es preferible escribirlos con minúscula.
- Los nombres y adjetivos que integran el nombre de una institución o corporación.
- Se escribe con mayúscula sólo la primera letra de los títulos de obras literarias, películas, etc.

2. Uso de la B

- Se escribe con b toda palabra en que el sonido b preceda a otra consonante.
  Ejemplo: absorber, abrazadera, etc.
- Se escriben con b los verbos acabados en –bir, excepto hervir, servir y vivir.
  Ejemplo: concebir, escribir, subir, etc.
- Se escriben con b las terminaciones –ba, -bas, -bais, -ban.
  Ejemplo: babas, ibais, estaban, caminabas, etc.
- Se escriben con b las palabras que empiezan por los sonidos bibl-, y por las sílabas bu-, bur- y bus-.
  Ejemplo: biblia, butaca, burbujas, búsqueda, etc.

- Se escriben con b las palabras que empiezan con los prefijos: bi, bis (dos veces); bene (bien) y bio (vida).

  Ejemplo: bicicleta, benévolo, biología, etc.

- Se escriben con b todos los compuestos y derivados de las palabras que llevan esta letra.

3. Uso de V

- Se escribe v después de la sílaba –ad.

  Ejemplo: adversario, adventista, etc.

- Se escriben con v los adjetivos llanos terminados en –ava, -avo, -eva, -evo, -ivo, -iva, -ave.

  Ejemplo: octava, esclavo, nueva, elevo, activo, decisiva, ave, etc.

- Se escriben con v las formas verbales de los verbos que no tienen en el infinitivo ni b ni v, a excepción del pretérito imperfecto de indicativo.

  Ejemplo: estuve, anduvieron, vayamos, etc.

- Se escriben con v las palabras compuestas que comienzan con los prefijos vice- y villa-.

  Ejemplo: viceministro, villano

- Se escriben con v las palabras que terminan en –ívoro, -ívora, a excepción de víbora.

  Ejemplo: insectívoro, herbívora, etc.

- Se escriben con v los compuestos y derivados de palabras que llevan esta letra.

4. Uso de la H

- Se escriben con h las palabras que empiezan por los sonidos hidr-, hiper- e hipo.

  Ejemplo: hidrógeno, hipertenso, hipocondríaco, etc.

- Se escriben con h las palabras que empiezan por los prefijos hetero-, hecto-, hemi-, hepta- y hexa.

Ejemplo: heterosexual, hectolitro, hemisferio, heptaedro, hexágono, etc.

- Se escriben con h las palabras que empiezan por el diptongo ue.
Ejemplo: huevo, huerta, etc.

- Se escriben con h los compuestos y derivados de las palabras que tienen h, excepto los derivados de hueso, huevo, hueco y huérfano que no empiezan con el diptongo ue.
Ejemplo: hueso-óseo, hueco-oquedad, etc.

5. Uso de la G

- En los grupos gue, gui se emplea la diéresis (¨) cuando queremos que suenen todos los sonidos.
Ejemplo: bilingüe, lingüística, etc.

- Se escriban con g las palabras que empiezan por geo.
Ejemplo: geografía,

- Se escriben con g todos los verbos acabados en –ger, -gir, menos tejer y crujir.
Ejemplo: coger, rugir, etc.

- Se escriben con g casi todas las palabras que comienzan y acaban en gen.
Ejemplo: origen, margen, etc.

- Se escriben con g los compuestos y derivados de palabras que llevan esta letra.

6. Uso de la J

- Se escriben con j las palabras que terminan en -aje, -eje y -jería. Se exceptúa ambages, que significa «sin rodeos».
Ejemplo: garaje, hereje, cerrajería

- Se escriben con j las formas verbales de los verbos que no tienen en el infinitivo ni g ni j.
Ejemplo: dijimos de decir.

- Se escriben con j los compuestos y derivados de palabras que tienen la letra j.

7. <u>Uso de la S y la X</u>

- Se escriben con x las palabras que tienen los prefijos ex y extra.
  Ejemplo: extraer, extravagante, etc.

8. <u>Uso de la Y y la LL</u>

- Se escribe Y al final de palabra que acaba en diptongo o triptongo y es inacentuada. Si está acentuada se escribe con í.
  Ejemplo: buey, fray, etc.
- La conjunción Y se escribe siempre como y.
  Ejemplo: el gato y el ratón.
- Se escriben con LL las terminaciones illo, illa, illos, illas.
  Ejemplo: cigarrillo, costillas, colmillos, parrillas, etc.
- Se escriben con Y las formas verbales cuyo infinitivo no tiene ll ni y.
  Ejemplo: cayó de caer, oyó de oír, etc.

9. <u>Uso de la R y RR</u>

- El sonido fuerte erre se escribe rr cuando va en el interior de palabra y entre vocales.
  Ejemplo: cigarro, perro, etc.
- El sonido r cuando va al principio de palabras o en interior tras l, n, s y no entre vocales.
  Ejemplo: ropa, alrededor, enriquecer, israelita

10. <u>Uso de la M</u>

- Se escribe m antes de b y p.
  Ejemplo: sombrero, compadre, etc.

11. Uso de la D y Z finales

- Se escriben con d las palabras que hacen el plural en –des. Ejemplo: cuidad – ciudades.
- Se escriben con z las palabras que hacen el plural en –ces. Ejemplo: pez – peces.

12. Uso de C, Z y Q

- Se escriben con doble c las palabras que al formar la familia léxica se transforman en ct. Ejemplo: adicción por adicto.

CAPÍTULO 11: Los signos de puntuación y otros signos

1. El uso del punto (.)

El punto marca una pausa al final de un enunciado, y después de un punto siempre se escribe mayúscula.

Hay tres tipos de puntos:

- **Punto y seguido**: separa enunciados que integran un párrafo.

Ejemplo:
Con el disco en la mano, ya sólo falta que funcione. Atrás han quedado un año y medio de trabajo e incertidumbres.

- **Punto y aparte**: separa dos párrafos distintos con dos contenidos diferentes.

Ejemplos:
Un año después de salir el disco al mercado, prácticamente todos saben ya quién es.
El segundo *single* ha comenzado a sonar.

- **Punto y final**: cierra un texto.
También se usa después de las abreviaturas.

Ejemplos:
Sr., Sra., Dr., EE. UU.

- Nunca se usa el punto en los títulos y subtítulos de libros, artículos, capítulos, obras de arte.

Ejemplos:
Las Meninas
Cien años de soledad

2. Uso de los dos puntos (:)

Nunca se deja un espacio antes de los dos puntos. Se usan los dos puntos en los siguientes casos:

- **Delante de una enumeración anunciada con un verbo.**

Ejemplo:
Los puntos cardinales son: norte, sur, este y oeste.

- **En citas textuales.**

Ejemplo:
Se tiró en la cama y gritó: «¡No puedo!».

- **Después de las fórmulas de saludo en las cartas y documentos.**

Ejemplos
Estimado Sr. López:
Tengo el placer de comunicarle que ha ganado el primer premio de nuestro concurso.

Querido amigo:
Siento mucho no haberte escrito antes, pero…

- **En textos jurídicos y administrativos detrás del verbo (decretos, bandos, certificados, etc.).**

Ejemplo:

Certifica:

Que el Dr. José Martínez ha seguido su curso de español durante los meses de julio y agosto.

3. <u>Uso de la coma (,)</u>

Marca una pausa breve en un enunciado. Se utiliza en los casos siguientes:

- **Para separar los elementos de una enumeración.**

Ejemplo:

Viene a recoger el resto de sus cosas: la ropa, la pelota de baloncesto, la cámara, la caña de pescar y la vespa.

- **Para aislar el vocativo.**

Ejemplo:

«Visite a Zoraida, la pitonisa, y conozca el porvenir ...».

- **En los incisos que interrumpen una oración, para aclarar o ampliar lo que se dice, o para mencionar el autor u obra citados.**

Ejemplo:

Todos los vecinos, incluido el del tercero, estaban por una vez de acuerdo.

- **Para separar elementos gramaticalmente equivalentes en un enunciado.**

Ejemplo:

Toda Europa estaba presente: franceses, españoles, italianos, alemanes, portugueses, etc.

- **En las cabeceras de las cartas se escribe coma entre el lugar y la fecha.**

Ejemplo:
San Sebastián, 24 de noviembre de 1965

4. El uso del punto y coma (;)

Indica una pausa superior a la coma e inferior al punto. Se utiliza:

- **Para separar los elementos de una enumeración cuando se trata de expresiones que incluyen comas.**

Ejemplo:
Había que estar en contacto con la naturaleza; dejar entrar el cielo, el mar y el viento; dormir sobre tablones, sobre el suelo; sentarse en sillas medio rotas.

- **Delante de las conjunciones o locuciones como, pero, mas, aunque, sin embargo, por lo tanto, por consiguiente, cuando los periodos tienen cierta longitud.**

Ejemplo:
Trabajamos como locos en ese proyecto porque teníamos confianza; sin embargo, los resultados no fueron los que esperábamos.

5. El uso del signo de interrogación (¿ ?)

Delimitan enunciados interrogativos. En español es necesario utilizar el signo de apertura porque no tenemos marcas gramaticales que lo sustituyan. Nunca se deja un espacio después del signo de interrogación de apertura o antes del de cierre, y nunca se escribe punto detrás de los signos de interrogación.

Ejemplo:

¿Qué tal estás?

El signo final de interrogación entre paréntesis indica duda o ironía.

Ejemplo:

El Señor Botín es el director (?) del Banco de Santander.

6. El uso del signo de admiración (¡ !)

Delimita enunciados exclamativos o interjecciones. Nunca se deja un espacio después del signo de exclamación de apertura o antes del de cierre.

Ejemplo:

¡Hola! ¡Qué sorpresa!

El signo de exclamación final entre paréntesis indica sorpresa o ironía.

Ejemplo:

Un señor de 70 años (!) ha sido el ganador del Maratón de Nueva York.

7. El uso de la raya (—)

Esta se utiliza en los siguientes casos:

- **Para encerrar aclaraciones que interrumpen el discurso. Se pueden sustituir por paréntesis.**

Ejemplo:

Estuve esperando a Sara —una buena amiga— toda la noche, pero al final no vino.

En un diálogo cuando no se menciona el nombre de la persona o personaje.

Ejemplo:

—¿Qué me has preguntado?

—Yo, nada. Te has confundido de persona.

8. El uso del paréntesis ()

Se utilizan en los siguientes casos:

- **Cuando se interrumpe el sentido de un discurso con una aclaración, sobre todo, si esta no tiene mucha relación con lo anterior.**

Ejemplo:
Marta Tocino (la novia del futbolista) se presenta a las próximas elecciones.

- **Para intercalar un dato o precisión (fechas, autores...)**

Ejemplo:
Nací en La Felguera (Asturias).

- **Para evitar una opción en el texto.**

Ejemplo:
Se busca chico(a) para ir a buscar dos niños de 8 y 11 años a la escuela.

- **En la transcripción de textos para señalar la omisión de una parte del texto, se ponen tres puntos entre paréntesis (...)**

Ejemplo:

«En Alicante fui y conocí esa terrible masa humana que había en la playa. (...) Miles y miles de gentes que buscaban y creían que les enviaban barcos. (...) Yo creo que para sobrevivir nos metieron en la cabeza que nos daba todo igual».

9. Las comillas (« »)

Se utilizan para:

- **Reproducir citas textuales.**

Ejemplo:
Me dijo muy claramente: «No quiero aceptar esta proposición porque pienso que no está a la altura de mis ambiciones».

- **Para reproducir los pensamientos de los personajes en los textos narrativos.**

Ejemplo:
Todos lo escuchaban con atención, pero yo no oía lo que decía simplemente pensaba: «¡Qué guapo es!».

- **Para indicar que una palabra o expresión es impropia, vulgar, de otra lengua o con un sentido especial o irónico.**

Ejemplos:

El nuevo empleado nos ha aportado el «*savoir faire*» de su país.

Sus «negocios» no me parecen nada claros.

- **Para citar títulos de artículos, poemas, cuadros.**

Ejemplo:

Si quieres otra opinión sobre este tema, lee el artículo «Ideas nuevas» de Rosa Montero.

El cuadro «Construcción con línea diagonal» de Tapies se subastó la semana pasada en Christie's.

10. El guion (-)

Se utiliza:

- **Para separar (en determinados casos) los dos elementos que integran una palabra compuesta.**

Ejemplo:

Es una lección teórico-práctica.

El caballo es de origen hispano-árabe.

- **Para dividir una palabra al final del renglón cuando no cabe completa en él.**

Ejemplo:

No dejes las cosas en cualquier sitio, te lo digo siempre y ya empiezo a estar harta de repetir siempre lo mismo.

11. Los corchetes ([])

Incorporan información complementaria, como los paréntesis. Se usan en los siguientes casos:

- **Dentro de un enunciado que va ya entre paréntesis para introducir una precisión.**

Ejemplo:
Una de las obras de Antonio Muñoz Molina (algunos la consideran como su mejor novela [1997]) es «Plenilunio».

- **Cuando en un texto transcrito el editor quiere introducir una nota complementaria al texto.**

Ejemplo:
Y Don Quijote, con el dolor de las suyas, tenía los ojos abiertos como liebre.
[como liebre] Alusión a la creencia vulgar que las liebres duermen con los ojos abiertos

- **Como los paréntesis, cuando se omite una parte del texto transcrito. (Ver ejemplo de paréntesis)**

12. La diéresis o crema (¨)

Se utiliza:

- **Para señalar la pronunciación de la vocal u en las combinaciones güe, güi.**

Ejemplo:
Pingüino, vergüenza, etc.

13. La barra (/)

Se utiliza en los siguientes casos:

- **Con valor de preposición en ejemplos como:**

Ejemplo:

120 km/h
Salario bruto 1600 euros/mes

- **Forma parte de las abreviaturas como:**

Ejemplo:
C/ (calle)
C/c (cuenta corriente)

14. El asterisco (*)

Se utiliza para:

- **Señalar una nota al margen o a pie de página dentro de un texto. A veces, estos asteriscos se encierran entre paréntesis (*).**

- **Señalar la forma incorrecta de una palabra.**

Ejemplo:
Pienso *de que vendrá mañana (forma correcta: pienso que vendrá mañana).

13. El signo de párrafo (§)

Este signo se usa:

- **Seguido de un número, para indicar divisiones internas dentro de los capítulos.**

Ejemplo:
§25, §12.

- **En las remisiones y citas de estas mismas divisiones.**

Ejemplo: Véase §16

CAPÍTULO 12: Reglas para colocar los acentos o tildes

En español, las palabras tienen una sílaba llamada tónica que es la que, al pronunciarla, suena más fuerte. Las otras se llaman sílabas átonas, porque su intensidad de voz es menor que la tónica. En algunas ocasiones, la vocal de la sílaba tónica se marca mediante un signo ortográfico que se coloca en la parte superior de esta ('). Este signo se denomina tilde o acento gráfico.

REGLAS PARTICULARES DE LA ACENTUACIÓN GRÁFICA

La tilde diacrítica

Hay palabras que, atendiendo a las reglas generales de acentuación gráfica, no deberían llevar tilde. Sin embargo, algunas palabras admiten lo que se llama la tilde diacrítica, cuya función es evitar la confusión entre dos palabras que se escriben de la misma forma en la lengua escrita.

NO LLEVA TILDE	LLEVA TILDE DIACRÍTICA
El (artículo) *El sol reluce*	**Él** (pronombre personal) *Él sabe tocar la flauta*
De (preposición) *Iros de aquí.*	**Dé** (verbo dar) *Quiero que me dé esto.*
Se (pronombre) *Se acabó.*	**Sé** (verbo saber y verbo ser) *Sé tú mismo; sé que lo harás.*
Tu - mi (determinantes posesivos) *Tu padre está ahí. Mi juguete está estropeado*	**Tú - mí** (pronombres personales) *Tú no debes ir allí. Eso es para mí.*
Si (condicional) *Si no llueve, iré*	**Sí** (afirmación y pronombre) *Creo que sí que iré. Lo tomó para sí.*
Mas (conjunción) *Le llamé, mas no contestó.*	**Más** (adverbio) *No quiero más.*
Te (pronombre) *Te mandaré más trabajo.*	**Té** (sustantivo – infusión *Me preparé un té de tilo.*

ACENTUACIÓN DE LOS DIPTONGOS Y TRIPTONGOS

Los diptongos y triptongos llevan tilde cuando siguen la regla general de acentuación. La tilde se colocará sobre la vocal abierta del diptongo o triptongo.

Ejemplo:
Reunión - tráigamelo - efectuáis.

ACENTUACIÓN DE LOS HIATOS

Cuando el hiato es el resultado de la destrucción de un diptongo, es decir, cuando hay dos vocales junta pertenecientes a sílabas diferentes, y una de ellas es una -i o una -u, se pondrá la tilde sobre la i o la u, aunque no siga la regla general.

Ejemplo:
Subían - oíamos - incluía – raíz

Acentuación de los exclamativos e interrogativos

Las palabras que, quien, cual, cuando, cuanto, donde y como llevarán tilde siempre que sean utilizados de forma exclamativa e interrogativa.

Ejemplo:
¿Cómo sabes todo eso? ¿Quién te lo ha dicho? ¡Qué vacaciones tan divertidas! ¿Cuántas botellas quedan?

Acentuación de las palabras compuestas

- Las palabras compuestas siguen las reglas generales de la acentuación gráfica, como si se tratara de una palabra simple.

Ejemplo:
Decimoséptimo - ciempiés.

- Se exceptúan de esta regla los adverbios que terminan en -mente, como ágilmente, cortésmente, QUE SÍ MANTIENEN EL ACENTO GRÁFICO de la palabra primitiva. Cuando la composición de la palabra sea mediante guion, las dos palabras simples lo llevan, entonces mantendrán su tilde.

Ejemplo:
Físico-químico - hispano-francés

- **Ojo**: hasta ahora, cuando uníamos a los verbos con pronombres personales átonos, si el verbo llevaba tilde, se mantenía.

Ejemplo:
acercó - acercase. *(Sin tilde porque es grave acabada en vocal).*

- Si el verbo no lleva tilde, cuando unimos los pronombres personales, sigue la regla general de acentuación como si se tratara de una palabra simple.

Ejemplo:
Di - díselo; dame - dámelo; cuenta - cuéntaselo

La tilde en las letras mayúsculas

Es necesario colocar la tilde en las letras mayúsculas cuando les corresponda por regla general.

Ejemplo:
Álvaro - Ávila - Álava

REGLAS GENERALES DE ACENTUACIÓN

Regla N.º 1
Las palabras **agudas** se acentúan, es decir, llevan **tilde** cuando terminan en **vocal** o en las consonantes **n** o **s**.

Ejemplos:
Papá, ratón, compás.

Regla N.º 2
Las palabras **llanas o graves** se acentúan, es decir, llevan **tilde** cuando terminan en **consonante** que no sea n o s.

Ejemplos:
López, árbol, césped.

Regla N.º 3
Todas las palabras **esdrújulas y sobreesdrújulas** siempre llevan **tilde**.

Ejemplos:
Último, séptimo, devuélvemelo.

Regla N.º 4
Las letras mayúsculas se acentúan, es decir, también llevan **tilde** como las demás.

Ejemplos:
MAYÚSCULAS, PARÍS, LEÓN.

Otras reglas de acentuación:

Regla N.º 5
Los monosílabos, en general, **no llevan tilde**, porque no es

necesario saber cuál es la sílaba tónica, únicamente utilizan la **tilde diacrítica**.

Ejemplos:

Fe, **ten**, **tos**, **té** (infusión), te (pronombre), sé (verbo), se (pronombre).

Regla N.° 6

Según las últimas modificaciones de la RAE, un grupo de palabras que se escribían tradicionalmente con tilde por resultar bisílabas (terminadas en -n, -s o vocal), pasan a considerarse monosílabas a efectos de acentuación gráfica y, por lo tanto, se escriben **sin tilde**.

Ejemplos:

Guion, truhan, fie, liais, huis, friais.

Regla N.° 7

Los infinitivos de los verbos terminados en **oir o eir** llevan **tilde**.

Ejemplos:

Oír, desoír, freír.

Regla N.° 8

Los infinitivos de los verbos terminados en **uir** no llevan **tilde**.

Ejemplos:

Atribuir, distribuir, sustituir.

Regla N.° 9

Los adverbios que terminan en **mente** llevarán **tilde** si la tenían cuando eran adjetivos.

Ejemplos:

Útilmente (de útil), **fácilmente** (de fácil), **alegremente** (de alegre).

Regla N. ° 10

Los diptongos y triptongos siguen las normas generales de acentuación y se pondrá la tilde en la vocal que suena más fuerte.

Ejemplos:

Averiguáis, cuídame, después, huésped, lleguéis, náufrago, también.

Excepciones:

En los casos especiales cuando se pone la tilde **para romper el diptongo** como en actúa, baúl, caída, habría, raíz, tío.

DIVIÉRTETE EN ESPAÑOL

NIVEL 3

EJERCICIOS Y ACTIVIDADES

CAPÍTULO 1: Verbos reflexivos

EJERCICIOS

Conjuga los verbos que están en paréntesis en la forma reflexiva:

Actividad #1

1. Su amiga _____ (arrepentirse) de lo que les dijo a sus padres la semana pasada.

2. Yo _____ (atreverse) a subir las montañas, aunque no tengo experiencia.

3. Ellos _____ (jactarse) del partido que ganaron la semana pasada.

4. Ella siempre _____ (quejarse) de la comida que sirven en Carman Hall.

5. Los niños _____ (acostarse) a las nueve todas las noches.

6. Nosotros _____ (divertirse) cuando fuimos a Jerry's.

7. Su madre _____ (llamarse) Claudia.

8. Ellos _____ (sentarse) juntos cuando fueron al teatro.

9. El hielo y la nieve _____ (derretirse) en la primavera.

10. ¿_____ (secarse) tú el pelo antes o después de vestirte?

11. Mi hermano y yo _____ (cepillarse) los dientes todos los días.

12. Las chicas _____ (desayunarse) huevos con tocino esta mañana.

13. Ella no puede _____ (dormirse) cuando está enojada.

14. Cada mañana, el _____ (ducharse) antes de trabajar.

Actividad #2

Una chica que (1) _____ (llamarse) Luisa tiene el mismo horario todos los sábados. Ella siempre (2) _____ (despertarse) a las once. Entonces, (3) _____ (desayunarse) con la familia. Después de comer, (4) _____ (cepillarse) los dientes y (5) _____ (ducharse). Sale del baño, y (6) _____ (sentarse) en su cuarto en frente de un espejo. (7) _____ (secarse) y (8) _____ (peinarse) el cabello. También, (9) _____ (ponerse) el maquillaje. Luego, sale con sus amigos y ellos (10) _____ (divertirse) en una fiesta o una disco. Cuando regresa a su casa, ella (11) _____ (quitarse) la ropa, (12) _____ (ponerse) la pijama y (13) _____ (acostarse).

Actividad #3

1. Me gusta _____ (divertirse) cuando estoy en una fiesta.

2. Su perro (llamarse) _____ «Matador».

3. Es muy tarde, y tengo una clase temprano mañana. De modo que, debo _____ (acostarse).

4. En una clase Pablo tiene un profesor muy aburrido y Pablo _____ (dormirse).

5. Si no llevas un abrigo en el invierno, _____ (enfermarse).

6. Mi pelo es muy largo ahora. Juanita me dijo que debo _____ (cortarse + lo).

7. Cuando Jorge dio el golpe de salida en el partido de fútbol americano, _____ (lastimarse) su pie.

8. Tengo que ir al dentista para _____ (sacarse) una muela.

9. Alguien _____ (llevarse) la bolsa de María anoche.

10. Cuando llegó el vendedor a mi casa, le dije: «¡Debe _____ (irse) de mi casa!».

11. Cada día, Alfonso _____ (despertarse) a las seis para correr.

12. A las siete, Alfonso _____ (ducharse).

13. Alfonso _____ (desayunarse) a las ocho, y sale para su trabajo.

14. Un día, Alfonso _____ (quitarse) sus botas y se dio cuenta de que un alacrán lo había picado mientras corría en el campo.

15. Los médicos curaron a Alfonso, y él _____ (morirse) de causas naturales cuando tenía ochenta años.

Actividad #4

15. Jason (desayunarse) _____ cada mañana antes de su clase de matemáticas.

16. La semana pasada, ella (dormirse) _____ durante la película.

17. Los paramédicos (llevarse) _____ los cuerpos muertos después del accidente.

18. ¡Mírame! (cortarse) _____ el cabello, ¿te gusta?

19. Rosalinda irá el viernes al dentista y (sacarse) _____ una muela porque le duele.

20. Angie, Lilia y yo (despertarse) _____ a las 4 de la tarde porque fuimos a una gran fiesta y regresamos muy tarde.

21. Mi mamá me dijo: ¡Porque no (irse) _____! Ahorita tengo muchas cosas que hacer».

22. El hijo de Jim y Cathy (llamarse) _____ Erik.

23. El camión no (detenerse) _____ cuando la luz cambió a rojo.

24. Erik (jactarse) _____ de sus fuertes y grandes músculos.

25. La niña (quejarse) _____ de todo diariamente, y muchas veces me duele la cabeza.

26. En el «El Mago de Oz» la hechicera (derretirse) _____ porque Dorothy le tira agua.

27. Por accidente, mi hermanito (sentarse) _____ en un pastel que estaba en la silla donde mi mamá puso a mi hermanito.

28. Jake (atreverse) _____ a escupir a Martin desde el tercer piso.

29. Yo (arrepentirse) _____ del desastre que hice.

CAPÍTULO 2: Voz pasiva

EJERCICIOS

1. Transforma las oraciones activas en pasivas (pasivas de proceso).

Usa el mismo tiempo que en la oración activa.

1. Yo leo el libro.

2. El niño ha encontrado el balón.

3. Felipe y Lucía comieron el pastel.

4. Sus abuelos habían construido una casa nueva.

5. Mis vecinos habrán regado mis plantas.

2. Construye oraciones en la voz pasiva de estado.

1. (La cama/hacer - Presente) Imperfecto de *estar* + participio de *preparar* (concuerda en género y número con el sujeto). *Hacer* es un verbo irregular.

2. (El desayuno/preparar - Pretérito Imperfecto) Imperfecto de *estar* + participio de *preparar* (concuerda en género y número con el sujeto). *Preparar* es un verbo regular.

3. (Las puertas/cerrar - Pretérito Perfecto) Pretérito perfecto de *estar* + participio de *cerrar* (concuerda en género y número con el sujeto). *Cerrar* es un verbo regular.

4. (La ventana/abrir - Pretérito Pluscuamperfecto) Pretérito pluscuamperfecto de *estar* + participio de *abrir* (concuerda en género y número con el sujeto). *Abrir* es un verbo irregular.

5. (Los ordenadores/encender - Futuro Perfecto) Futuro perfecto de *estar* + participio de *encender* (concuerda en género y número con el sujeto). *Encender* es un verbo regular.

3. Convierte las siguientes frases en voz pasiva:

1. Alejandro Sanz convocó a los periodistas.

_____

2. La policía tomó la casa por la fuerza.

_____

3. Los médicos hospitalizaron al anciano rápidamente.

_____

4. Los jóvenes profesores han dado las clases.

_____

5. Picasso pintó el Guernica.

_____

6. El presidente dio su discurso en el parlamento.

_____

7. Ellos han hecho el trabajo de todo el equipo.

_____

8. Sus amigos le regalaron muchos juguetes para su cumpleaños.

_____

9. La prensa ha anunciado el viaje del presidente a América.

_____

10. El futbolista ha marcado tres goles.

_____

4. Transforma la oración en pasiva:

Ejemplo:
Ellos pintan la casa. > **La casa es pintada por ellos.**

1. Carolina ama a Felipe.

_____

2. Ella escribirá la carta.

_____

3. El guardia le puso una multa al cartero.

_____

4. Aquel anciano arreglara mi reloj.

_____

5. Juan lee el periódico.

_____

6. Los bomberos apagaron el incendio.

_____

7. Este niño ha roto aquel jarrón tan feo.

_____

8. La profesora corrige los exámenes.

_____

9. Manuel compró un tractor.

_____

10. Él ignora siempre a Roberto.

_____

5. Escribe dos párrafos cortos usando la voz pasiva

_____

_____

_____

_____

_____

_____

_____

CAPÍTULO 3: Oraciones compuestas

EJERCICIOS

Oraciones simples y compuestas. Oraciones yuxtapuestas, coordinadas y subordinadas.

1. Lee el siguiente texto:

—Dejé el rollo de la cámara; no podré tomar fotos.

—¿Nos servirán desayuno en el vuelo?

—Yo siempre me mareo en el avión, así que mejor me tomo un medicamento preventivo.

Contesta:

1. ¿Cuántos verbos conjugados tiene cada una de las oraciones? Subráyalos.

_____

2. ¿Cómo se llaman las oraciones que tienen un solo verbo conjugado?, ¿y las que tienen dos?

_____

2. Subraya los verbos conjugados. Escribe S, si la oración es simple y C, si es compuesta.

1. ¿Por qué me dijiste que no querías más?

2. El concierto quedó maravilloso y tú cantaste muy bien.

3. Luisa llegó y saludó a todos.

4. Vamos a casa de doña Isabel, la tía de Moncho.

5. ¡Visitaste el barrio chino de los Ángeles!

6. Carolina aceptó la invitación, pero se fue temprano.

7. El pernil estaba riquísimo; a la gente le encantó.

8. Vayamos a Río Grande, a montar a caballo.

9. Gozarán mucho cuando lleguen al parque.

10. Se rompió la pierna en el juego de pelota.

11. ¡Qué hermoso poema recitaste anoche!

3. Escribe dos oraciones simples y dos compuestas. Luego, encierra en un círculo los verbos conjugados.

1. Oraciones simples:

_____

_____

_____

_____

2. Oraciones compuestas:

_____

_____

_____

_____

4. Completa las siguientes oraciones simples para convertirlas en oraciones compuestas.

1. Estaré en la playa todo el día.

_____

2. No sabemos qué pasará mañana.

_____

3. Siempre me ha gustado hacer deportes.

_____

4. Recogeré mí cuarto hoy.

_____

5. Debemos combatir la discriminación.

_____

6. Este verano, visitaremos la vieja Europa.

---

5. Gramática:

1. Lee las siguientes oraciones compuestas:

a. Cocinamos durante todo el día; terminamos agotadísimos.

b. Mis familiares me aman, me respaldan, me miman.

c. Quise asistir a la actividad, pero me enfermé.

d. ¿Te sirvo un refresco o compramos jugo natural?

e. Nos encontramos donde acordamos ayer.

f. Cenaremos en un restaurante porque no queremos cocinar.

2. Contesta:

1. ¿Qué elementos o palabras unen las oraciones del grupo 1 y al grupo 2?

---

2. ¿Qué tienen en común las oraciones del grupo 3?

---

6. Identifica las oraciones en yuxtapuestas (Y), coordinadas (C) o subordinadas (S).

1. Guillermo nunca había manejado, pero ganó la carrera. _____

2. Ya, tranquilízate; todo se resolverá. _____

3. Podemos volar en avión o pasear por tren. _____

4. Dime con quién andas. _____

5. Te diré quién eres. _____

6. No quiero sopas ni mariscos. _____

7. Me iré para que puedas descansar. _____

8. Léelo, estúdialo, memorízalo, recítalo. _____

9. Pintó la casa y arregló el patio. _____

10. ¿Recogerás el perro que encontramos? _____

11.   Me imagino que ya estudiaste para el dictado. _____

12.   Ya te lo dije; todos lo saben. _____

7. Redacta oraciones coordinadas con los siguientes conectores:

Y, o, e, pero

1. _____

2. _____

3. _____

4. _____

8. Completa las oraciones con el enlace que convenga.

Porque, donde, para que, que, por lo cual

1. La última vez que fuimos no nos gustó. _____ decidimos no volver.

2. Te preparé esta leche con jengibre _____ duermas bien.

3. Esta vez, madrugaremos más _____ queremos llegar primero.

4. Ellos piensan _____ tú no vendrás.

5. Yo los vi _____ menos te imaginas.

CAPÍTULO 4: Gerundio y progresivo

EJERCICIOS

1. Escribe en gerundio los siguientes verbos:

1. (Leer) _____ el libro.

2. (Bañarse) _____ en la bañera.

3. (Oír) _____ las voces.

4. (Cocinar) _____ verduras.

5. (Estudiar) _____ español.

6. (Comer) _____ arroz con frijoles.

7. (Caer) _____ al agua.

8. (Salir) _____ temprano.

9. (Limpiar) _____ el coche.

10. (Beber) _____ jugo de manzana.

2. Escribe el correspondiente gerundio en las siguientes oraciones:

¿Qué están haciendo...?

1. Luis (comprar) _____ zapatos nuevos.

2. Los estudiantes (estudiar) _____ para el examen.

3. María y Carmen (hablar) _____ con Carlos.

4. El señor Ramírez (leer) _____ una carta.

5. Los niños le (mentir) _____ a su madre.

6. La camarera (servir) _____ el desayuno.

7. El bebé (dormir) _____ en su habitación.

8. Los arquitectos (construir) _____ una casa.

9. Vosotras (oír) _____ música.

10. ¿Y tú? Yo (escribir) _____ los ejercicios.

3. Escribe seis oraciones con gerundio:

1. _____

2. _____

3. _____

4. _____

5. _____

6. _____

Escribe seis oraciones irregulares con gerundio:

1. _____

2. _____

3. _____

4. _____

5. _____

6. _____

Ejercicios con gerundios y la perífrasis verbal ESTAR + GERUNDIO (Progresivo)

1. Escribe según el modelo

¿Dónde está tu amigo? / estudiar = Está estudiando.

1. ¿Dónde está Luis? / dormir

_____

2. ¿Dónde están los niños? / jugar

_____

2. ¿Dónde está tu padre? / trabajar

_____

3. ¿Dónde están mis amigos? / merendar

_____

4. ¿Dónde está María? / ver la tele

_____

5. ¿Dónde están los invitados? / saludarse

_____

6. ¿Dónde está tu marido? / leer

_____

7. ¿Dónde están Juan y Marta? / pasear

_____

8. ¿Dónde está tu hija? / comer

_____

9. ¿Dónde están los vecinos? / veranear

_____

2. Escribe el verbo en gerundio

1. Juan está _____ (leer) una novela.

2. Estoy _____ (sentir) un fuerte dolor en la espalda.

3. Mi hijo me está _____ (pedir) más dinero.

4. Las manzanas se están _____ (podrir).

5. La policía está _____ (seguir) la pista.

6. Los profesores están _____ (corregir) los exámenes.

7. Estás _____ (repetir) el mismo error de siempre.

8. La nieve se está _____ (derretir).

9. Las paredes del edificio se están _____ (caer).

10. El caso está _____ (ser) investigado.

11. Estas plantas se están _____ (morir) poco a poco.

12. ¿Estás _____ (contar) bien el dinero?

13. Los alumnos están _____ (traducir) un texto del latín.

14. Solucionar este ejercicio no me está _____ (costando) mucho.

3. Escribe dos párrafos de diez líneas cada uno y usa verbos que estén conjugados en pasado progresivo, luego subráyalos:

_____

_____

_____

_____

_____

CAPÍTULO 5: Comandos

EJERCICIOS

1. Escribe seis oraciones usando mandatos formales:

1. _____
2. _____
3. _____
4. _____
5. _____
6. _____

2. Escribe seis oraciones usando mandatos informales:

1. _____
2. _____
3. _____
4. _____
5. _____
6. _____

CAPÍTULO 6: Pronombres demostrativos y posesivos

1. **Redacta nuevas oraciones sustituyendo las partes subrayadas por los pronombres posesivos correspondientes.**

   1. No me gustan tus zapatos.

   _____

   2. Aquí está nuestro coche.

   _____

   3. Mi padre lava su ropa.

   _____

   4. En verano viajaremos a vuestro país.

   _____

   5. Mis ideas son mejores.

   _____

Pronombres demostrativos:

2. Elige la forma correcta.

1. Dame _____ papeles, por favor. Plural masculino = *aquellos*

2. ¿Te gusta _____ lámpara para el salón? Singular femenino = *esta*

3. ¿Cuánto cuestan _____ rotuladores? Plural masculino = *esos*

4. ¿Dónde pongo _____ cuadro? Singular masculino = *este*

5. _____ no es lo que yo dije. Forma indefinida singular = *eso*

3. Escribe el adjetivo demostrativo correcto.

1. _____ rosas de aquí son las que mejor huelen. Femenino plural (*aquí*) = *estas*.

2. Pásame_____ plato de ahí. Masculino singular (*ahí*) = *ese*.

3. No me gusta _____ falda que está colgada allí. Femenino singular (*allí*) = *aquella*.

4. ¿Qué vas a hacer _____ noche? Femenino singular, cercano en el tiempo = *esta*.

5. _____ mañana se despertó con una extraña sensación.Femenino singular, lejano en el tiempo = *esa* o *aquella*.

4. Reformula las oraciones sustituyendo la parte subrayada de la oración por el pronombre demostrativo correspondiente.

1. No me gusta *que me digan lo que tengo que hacer*.

_____

2. Me voy a comprar *los pantalones que están aquí*.

_____

3. *Los chicos de allí* no me caen bien.

_____

4. *Las naranjas de ahí* son las más ricas.

_____

5. Nos tenemos que bajar *aquí*.

CAPÍTULO 7: Adverbios

EJERCICIOS

1. **Elige el adverbio adecuado para cada oración. ¡Solo se puede usar cada adverbio una vez!**

   1. Los sábados nos levantamos _____.

   2. Nos gusta _____ salir a hacer excursiones en bicicleta.

   3. Nos gusta _____ ir al lago cuando hace calor.

   4. _____ se nos olvida llevarnos algo de comer.

   5. _____ volvemos antes de que anochezca, para no perdernos.

2. **Construye adverbios a partir de los adjetivos siguientes.**

   Se toma la forma femenina del adjetivo y se añade -mente. Si el adjetivo lleva tilde, el adverbio también. Si el adjetivo termina en -e o en consonante, se añadirá directamente -mente.

   1. El perro ladra (constante) _____

   2. Lo he entendido todo (perfecto) _____

   3. Defendieron su postura (firme y decidido) _____

   4. El gato se asomó (tímido) _____ por la puerta.

   5. Aquí (normal) _____ hace mucho frío.

3. Sustituye el adverbio por otra palabra, de forma que no cambie el significado de la oración.

1. Ella se mueve elegantemente.

   Ella se mueve con _____

2. Nos trataron amablemente.

   Nos trataron con _____

3. Las matemáticas se pueden explicar fácilmente.

   Las matemáticas se pueden explicar de forma _____

4. Después de la reunión, todos se fueron silenciosamente.

   Después de la reunión, todos se fueron de _____

5. Hay que tratar a los animales respetuosamente.

   Hay que tratar a los animales con _____

6. Intento alimentarme siempre saludablemente.

   Intento alimentarme siempre de manera _____

4. Escribe la forma correcta de la forma adverbial (positiva, comparativa, superlativa).

1. Mi nuevo móvil se maneja (fácilmente) _____ que el viejo.

2. Mi casa está (cerca) _____ que la tuya. Comparativo – indicador: *que*

3. Caminas (despacio) _____ como una tortuga. Positivo - indicador: *como*

4. Eres la que (rápidamente) _____ aprende de la clase.

Superlativo - Para expresar el grado superlativo relativo con los adverbios, hay que reformular la oración mediante una oración de relativo.

5. Es (bien) _____ que vayas al médico.
   Comparativo - irregular: *bien → mejor*

5. Construye la forma superlativa absoluta de los adverbios.

1. El hotel estaba (lejos) _____ de la playa.
   Lejos → lejísimo

2. Ayer llovió (mucho) _____

3. Yo vivo (cerca) _____ del centro.
   Cerca → cerquísima

4. Llevas unos días comiendo (poco) _____

5. Todo ocurrió (rápido) _____

CAPÍTULO 8: Proverbios

EJERCICIO

Lee los siguientes proverbios y, a continuación, escribe uno que tenga el mismo estilo conciso y breve:

1. Un amigo es uno que lo sabe todo de ti y a pesar de ello te quiere.
Elbert Hubbard (1856-1915) Ensayista estadounidense.

2. La amistad es más difícil y más rara que el amor. Por eso, hay que salvarla como sea.
Alberto Moravia (1907-1990) Alberto Pincherle. Escritor italiano.

3. La amistad es un alma que habita en dos cuerpos; un corazón que habita en dos almas.
Aristóteles (384 a. C-322 a. C) Filósofo griego.

4. Un hermano puede no ser un amigo, pero un amigo será siempre un hermano.
Demetrio de Falera (350 a. C.-280 a. C) Orador, filósofo y gobernante ateniense.

5. El que busca un amigo sin defectos se queda sin amigos.
Proverbio turco.

1. _____

2. _____

3. _____

4. _____

5. _____

CAPÍTULO 9: Diminutivos y aumentativos

EJERCICIOS

1. **Cambia las siguientes palabras por diminutivos:**

   1. Coche   _____
   2. Gato   _____
   3. Limón   _____
   4. Payaso   _____
   5. Sopa   _____
   6. Dedo   _____
   7. Hermana   _____

2. **Cambia las siguientes palabras por aumentativos:**

   1. Buena   _____
   2. Botella   _____
   3. Cariñoso   _____
   4. Loco   _____
   5. Gusto   _____
   6. Amigo   _____
   7. Pelota   _____
   8. Viejo   _____
   9. Grande   _____

CAPÍTULO 10: Ortografía de las letras

EJERCICIOS

1. **Escoge la letra que corresponda V, B y W para reemplazar el el espacio subrayado (_)**

V, b o w	
_iceministro	Cocina_a
Di_ino	Carní_ora
Ha_ilidad	_illano
A_uso	Com_inar
_hisky	Atri_uir
Estu_e	Cla_e
Pro_incia	Bi_liografía
_orrar	_eneficencia
Ad_ertir	De_emos
Es_elta	Moti_o

2. Escoge la letra que corresponda C, S o Z para reemplazar el espacio subrayado (_)

C, s o z	
Conclu_ión	Inten_ivo
Carí_imo	Fragan_ia
Precio_o	Bala_o
Confian_a	Pade_er
Hubie_e	Ver_o
Parali_ar	Estadouniden_e
Pe_es	Sui_idio
Noble_a	Computa_ión
Bende_ir	An_uelo
Per_ibir	Na_imiento

3. Escoge la letra que corresponda G o J para reemplazar el espacio subrayado (_)

G o j	
Odontolo_ía	_estación
Bu_ía	Lengua_e
_enealógico	Esco_er
Cerra_ero	A_itar
Vi_ésimo	Co_ear

4. Escoge si en el espacio subrayado (_) debe ir o no la letra H

H, sin h	
_óvalo	Ella va _a su casa
_orificio	_uérfano
_idratación	_erradura
_algunos	María _a comido mucho
_umo	_idrógeno
_iglesia	_abuelos
_ielo	Des_acer
_nalfabeto	_ubicar
_ubieras	_ectrogramo
_istoria	_impaciente

5. Escoge si en el espacio subrayado (_) debe ir Ll o Y

Ll o y	
Pro_ección	Destru_en
Subra_ar	Semi_a
Estre_a	Capi_a
Mau_ar	Va_an a trabajar
_ema	_ute

6. Escoge si en el espacio subrayado (_) debe ir Qu o K

Qu o k	
Par_e	Ella corrió más de 10 _ilómetros
¿Cuántos _ilos pesas?	Bus_é el teléfono, pero no lo encontré
Me gusta el _eso madurado	Soy cinturón negro en _arate
Atrás está el _iosco de los dulces	Come algo porque estás muy fla_ito
Hoy en la noche _iero ver una película	Le dio un ata_e al corazón

7. Escoge si en el espacio subrayado (_) debe ir M o N

M o n	
Ca_biar	So_bra
I_posible	O_nívoro
I_victo	Currículu_
Co_prar	Co_versar
E_fermo	Colu_na

8. Escoge si en el espacio subrayado (_) debe ir R o RR

R o rr	
El vestido era de color c_ema	Tienes que sub_ayar la palabra correcta
Tu personaje es i_eal	Tienes que aga_arte bien para que no te caigas
Puedes salir hoy, pe_o no llegues tarde	Me gusta el a_oz blanco
Ese negocio es un f_aude	No te guardo recon_
Me gustan las cosas _ojas	Me gustan los vegetales, especialmente el _ábano
Tengo 2 pe_os en mi casa, uno macho y la otra hembra	Lorena compró un bo_ador y un lápiz
Eres una persona hon_ada	Encontraron un lugar ho_ible
Espero que vengas, no te voy a _ogar	La _opa está muy cara en este país
El vi_ey fue la figura administrativa durante la colonia española en América	Que linda son_isa tienes
En ese bosque hay un pequeño a_oyo	Espero que todas tus respuestas sean co_ectas

CAPÍTULO 11: Los signos de puntuación y otros signos

EJERCICIOS

1. **Ejercicios con coma (,), punto y coma (;) y punto (.)**

   Escoge una de las tres opciones de signos de puntuación en cada oración para reemplazar el espacio subrayado ( ):

   Hoy fui al supermercado_ al cine y luego a misa.

   Primero, quisiera agradecerles a mis padres, tíos e hijos_ luego agradecer a mis maestros y amigos.

   Mientras tú dormías_ yo estudiaba.

   Ha sido un día maravilloso_ Mañana cuando salga de aquí voy a extrañar todo esto.

   Voy a visitar al Dr_ Juan Espinosa en su consultorio.

   Ecuador_ mi país, hoy te voy a apoyar en el partido.

   Reciba un cordial saludo_ Quiero presentarle el nuevo servicio de internet para su empresa.

   Mi hermana tiene 30 años_ mi hermano 35.

   Teresa_ la mejor alumna de la clase, fue quien se ganó la beca.

   El primero, venga conmigo_ el segundo vaya con Luis y el tercero con Ana.

   Era importante que estuvieras en esta reunión_ el jefe dio varias indicaciones del proyecto.

Ud_ es quien tiene la palabra.

De sal me gusta comer carne, pollo y pescado_ de dulce, galletas y pasteles.

Compré harina, huevos_ azúcar y leche para hacer un pastel.

En fin_ haz lo que quieras.

Me voy a Colombia_ Venezuela y Chile.

A mi hermano le gusta el calor_ a mí me gusta el frío.

Te voy a encontrar, aunque te escondas_

Me voy a dormir porque ya estoy muy cansada_

Carolina_ por favor termina tu tarea.

2. Escoge una de las dos opciones de pares de signos de puntuación en cada oración para reemplazar los signos de subrayado (_)

Cómo me has encontrado
¡! o ¿?

Dónde has comprado ese lindo regalo
¡! o ¿?

Qué lindo está el día
¡! o ¿?

Tienes miedo de entrar a esa sala
¡! o ¿?

Estoy muy feliz hoy
¡! o ¿?

Sal de mi casa ahora mismo
¡! o ¿?

Date prisa que llegamos tarde
¡! o ¿?

Podré ver a mi hija al terminar la clase
¡! o ¿?

Tienes un acento especial. _De dónde eres_
¡! o ¿?

Me da pena no haberte visto hoy
¡! o ¿?

CAPÍTULO 12: Reglas para colocar los acentos o tildes

EJERCICIOS

1. **Escoge la vocal con o sin tilde según corresponda en cada palabra**

Escrit_rio	ó, o	Entreg_r	á, a
Panader_a	í, i	Camar_n	ó, o
Refrigerad_ra	ó, o	Polic_a	í, i
M_quina	á, a	C_mico	ó, o
F_mur	é, e	Band_ra	é, e
Caf_	é, e	Peluquer_a	í, i
Tri_ngulo	á, a	Beb_r	é, e
Velocid_d	á, a	Computad_r	ó, o
Rel_j	ó, o	Pand_lla	í, i
C_na	ú, u		

2. Subraya las palabras que han de llevar tilde y colócala:

Lapiz	Prohibiamos
Carcel	Cielo
Dificil	Ahumabamos
Instantaneo	Sustituir
Mutuo	Destruir
Esteril	Incluir
Petroleo	Instruir
Venir	Ferreteria
Navio	Retahila
Pasteleria	Pasteleria
Anuncio	Buho
Grua	Poesia
Paisaje	Cierto
Biologia	Ilicito
Agilidad	

3. Lea el poema y escribe de nuevo el texto correctamente, poniendo la tilde en todas aquellas palabras que la necesiten:

Distinto

Lo querian matar
los iguales,
porque era distinto.

Si veis un pajaro distinto,
tiradlo;
si veis un monte distinto,
caedlo;
si veis un camino distinto,
cortadlo;
si veis una rosa distinta,
deshojadla;
si veis un rio distinto,
cegadlo.
si veis a un hombre distinto,
matadlo.

¿Y el sol y la luna
dando en lo distinto?

Altura, olor, largor, frescura, cantar, vivir
distinto
de lo distinto;
lo que seas, que eres
distinto
(monte, camino, rosa, rio, pajaro, hombre):
si te descubren los iguales,
huye a mi,
ven a mi ser, mi frente, mi corazon distinto.

4. No todas las palabras del poema llevan tilde. Clasifica todas las palabras del texto anterior en la tabla que encontrarás a continuación:

Palabras agudas:
Palabras llanas o graves:
Palabras esdrújulas y sobresdrújulas:

5. Selecciona cuál es la palabra que está escrita correctamente:

1.

- ○ republica
- ○ república
- ○ República

2. Palabra aguda, termina en *z*.

- ○ actriz
- ○ áctriz
- ○ actríz

3.

- ○ sofa
- ○ sófa
- ○ sofá

4.

- ○ chaqueta
- ○ cháqueta
- ○ chaquéta

5.

- ○ pajaro
- ○ pájaro
- ○ pajáro

6.

- ○ dolar
- ○ dólar
- ○ Dolár

7.

- ○ reloj
- ○ réloj
- ○ relój

8.

- ○ ultimo
- ○ último
- ○ ultímo

9.

- ○ limon
- ○ límon
- ○ limón

10. Palabra llana, termina en vocal.

- ○ vajilla
- ○ vájilla
- ○ vajílla

6. **Escribe una composición de treinta líneas sobre las clases de español usando todo lo que sabes y coloca tildes donde correspondan.**

_____

_____

_____

_____

_____

_____

_____

_____

_____

_____

_____

_____

_____

_____

_____

_____

_____

_____

_____

_____

_____

_____

DIVIÉRTETE EN ESPAÑOL

NIVEL 3

VOCABULARIO

VOCABULARIO: ASTRONÁUTICA

ASTRONÁUTICA – CUERPOS CELESTES

COMETA

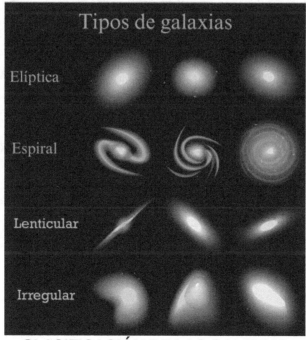

CLASIFICACIÓN DE LAS GALAXIAS

TELESCOPIO ESPACIAL DE LA NASA

TRANSBORDADOR ESPACIAL - ORBITADOR

ESTACIÓN ESPACIAL INTERNACIONAL

ASTRONAUTA CON SU TRAJE

ASTRONÁUTICA – EL SOL Y LA LUNA

EL SOL

LA LUNA

ASTRONÁUTICA – PARA OBSERVAR EL CIELO

OBSERVATORIO

TELESCOPIO

ASTRONÁUTICA – EL SISTEMA SOLAR

**PLANETAS INTERNOS Y SATÉLITES
MERCURIO, VENUS, TIERRA, MARTE, JÚPITER,
SATURNO, URANO, NEPTUNO Y PLUTÓN**

EL SOL Y LOS PLANETAS

VOCABULARIO: CIENCIAS

CIENCIAS – APARATOS DE MEDICIÓN

BALANZA DE ASTIL

BÁSCULA COMERCIAL

BÁSCULA O PESA DIGITAL

BÁSCULA DE BAÑO

BÁSCULA DE COCINA

CRONÓMETRO

VERNIER

MICRÓMETRO

REGLA GRADUADA

RELOJ DEL SOL

RELOJ DIGITAL

RELOJ DE PULSERA

TERMÓMETRO DE MERCURIO

TERMÓMETRO DIGITAL

CIENCIAS - FORMAS GEOMÉTRICAS

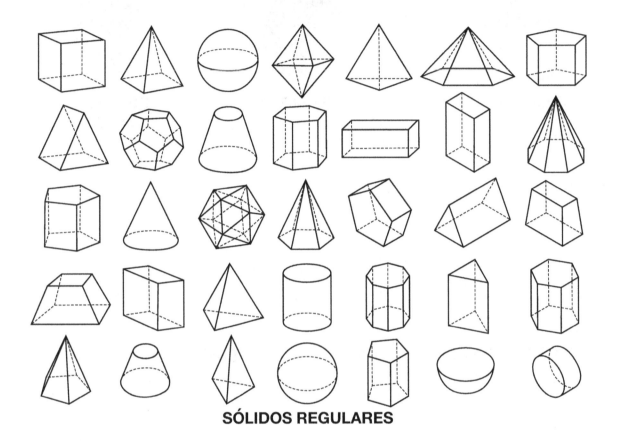

SÓLIDOS REGULARES

122

CIENCIAS - POLÍGONOS Y NÚMEROS ROMANOS

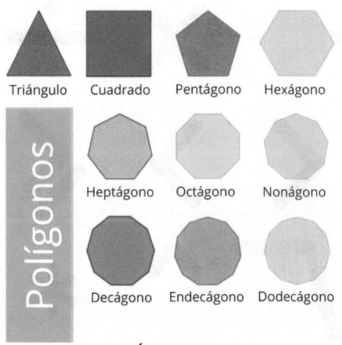

PÓLIGONOS

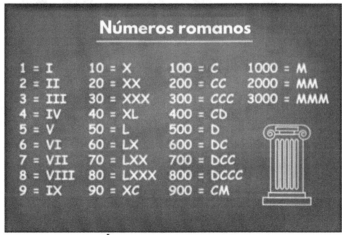

NÚMEROS ROMANOS

CIENCIAS - SÍMBOLOS

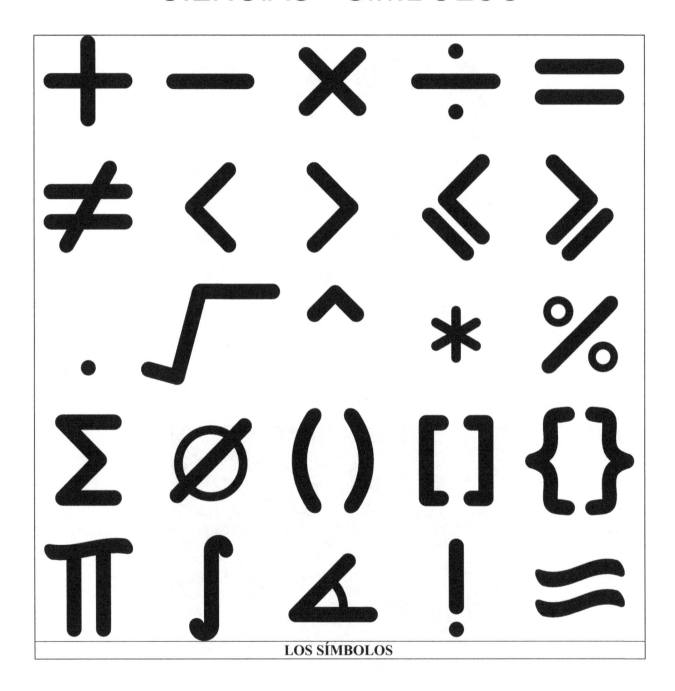

LOS SÍMBOLOS

CIENCIAS – TIPOS DE ENERGÍA

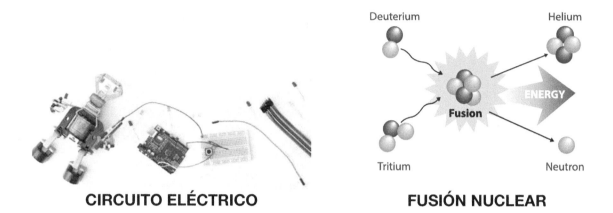

CIRCUITO ELÉCTRICO

FUSIÓN NUCLEAR

ESPECTRO ELECTROMAGNETICO

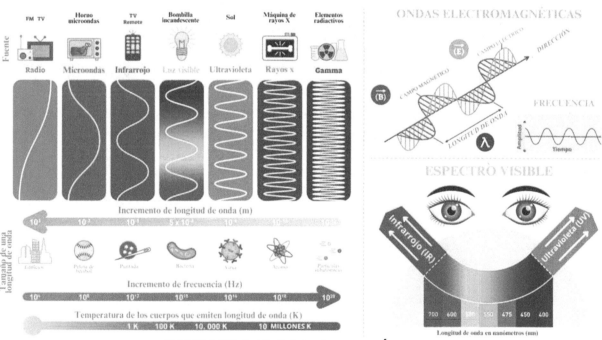

ESPECTRO ELECTROMAGNÉTICO

CIENCIAS - VISIÓN

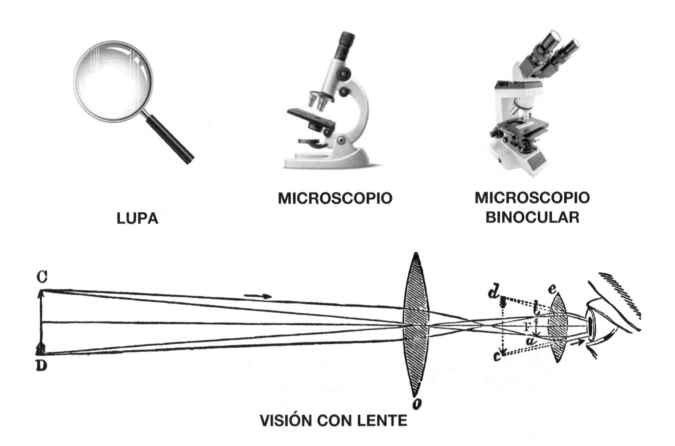

LUPA

MICROSCOPIO

MICROSCOPIO BINOCULAR

VISIÓN CON LENTE

VOCABULARIO: COMUNICACIONES

COMUNICACIONES – OFICINA

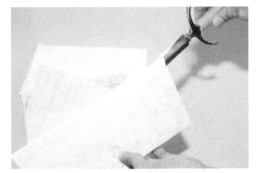

ABRECARTAS

AGENDA

**AGENDA
ELECTRÓNICA**

**ALFOMBRA
PARA EL RATÓN
DE LA
COMPUTADORA**

**ALTAVOZ O
CORNETAS**

**ANTENA
PARABÓLICA**

ARCHIVADOR

**AURICULARES O
MANOS LIBRES**

AUDÍFONOS

BALANZA PARA CARTAS

BANDEJA PARA CORRESPONDENCIA

BOLÍGRAFO

CAJA DE ARCHIVO

CALCULADORA BÁSICA

CALCULADORA CON IMPRESORA

CALCULADORA CIENTÍFICA

CALENDARIO DE MESA

CÁMARA

CÁMARA WEB

CÁMARA DIGITAL

CARGADOR PORTÁTIL

CARPETA ARCHIVADORA

CELULAR

CHINCHETAS O CHINCHES

CINTA MAGNÉTICA

CLIPS

COJÍN PARA SELLOS

CONTESTADOR AUTOMÁTICO

CONTROL REMOTO

CUADERNO

DISCO COMPACTO

SEPARADORES DE CARPETAS

EQUIPO DE DVD

FAX

FICHERO

GOMA DE BORRAR

GRAPADORA

IMPRESORA

IPOD O REPRODUCTOR DE MÚSICA

LÁPIZ

MARCADOR

MONITOR DE COMPUTADORA

NAVEGADORES

**ORDENADOR/COMPUTADORA
PORTÁTIL**

PAPELERA

**PEGA EN
BARRA**

**PERFORADORA O
ABREHUECOS**

PERIÓDICO

**PIZARRA DE
CORCHO**

**TELEVISOR DE
PLASMA**

PORTACINTA

PORTAMINAS

QUITAGRAPAS

**RADIOCASETERA
PORTÁTIL**

**RADIO
DESPERTADOR**

RADIO RECEPTOR

RATÓN INALÁMBRICO

REPRODUCTOR DE CD

SACAPUNTAS

SELLO DE GOMA

TABLETA PORTÁTIL

TECLADO DE COMPUTADORA

TELÉFONO

TRITURADORA DE PAPEL

DISCO DURO

MEMORIAS EXTERNAS

DISPOSITIVO USB

VIDEOCÁMARA

133

VOCABULARIO: GEOLOGÍA

GEOLOGÍA

CICLO HIDROLÓGICO

CONTAMINACIÓN DEL AIRE

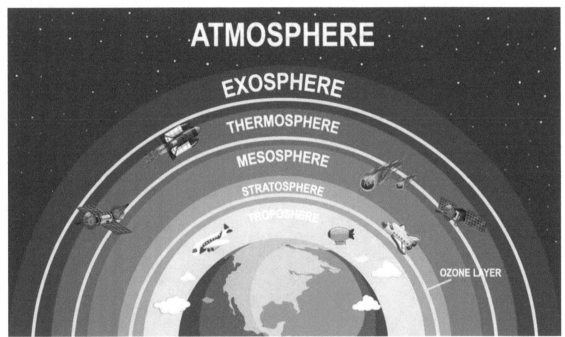

CORTE DE LA ATMÓSFERA TERRESTRE

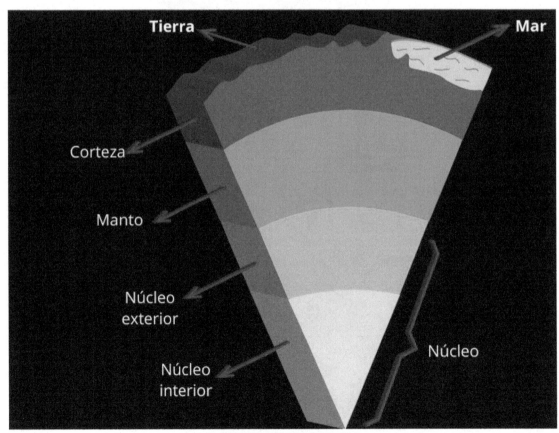

CORTE TERRESTRE

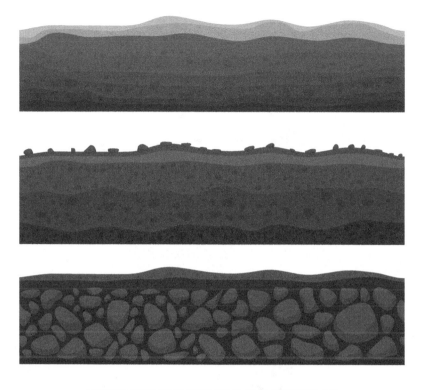

DESPRENDIMIENTO DE TIERRAS

ESTRUCTURA DE LA TIERRA

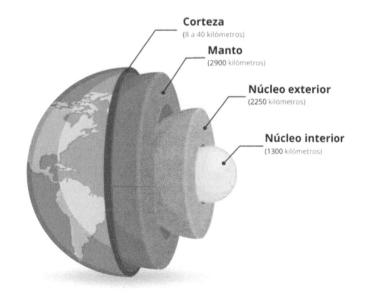

Corteza
(8 a 40 kilómetros)

Manto
(2900 kilómetros)

Núcleo exterior
(2250 kilómetros)

Núcleo interior
(1300 kilómetros)

ESTRUCTURA DE LA TIERRA

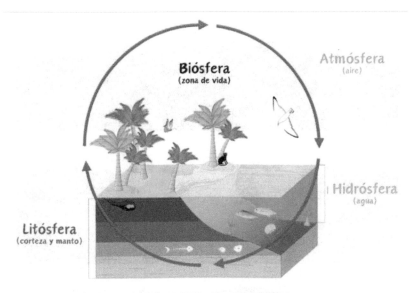

ESTRUCTURA DE LA BIÓSFERA

GRUTA

HEMISFERIOS

MAPA DE LA ANTÁRTICA

139

PARTES DE UN DESIERTO

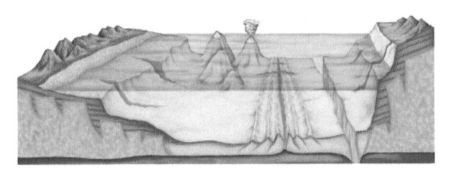

RELIEVE OCEÁNICO

ROSA DE LOS VIENTOS

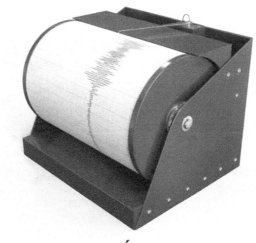

SISMÓGRAFO

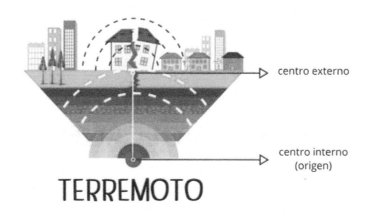

centro externo

centro interno
(origen)

TERREMOTO

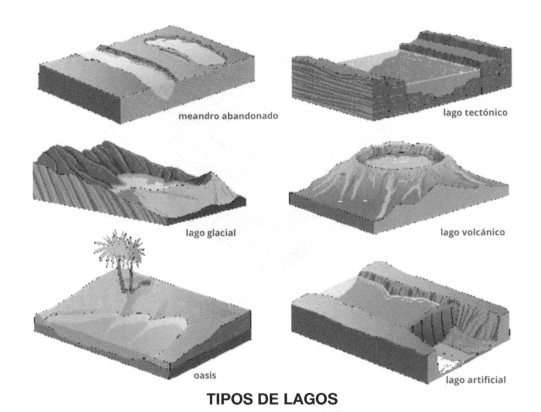

meandro abandonado

lago tectónico

lago glacial

lago volcánico

oasis

lago artificial

TIPOS DE LAGOS

TIPOS DE VOLCANES

Volcán fisural   Volcán en escudo   Volcán compuesto   Caldera

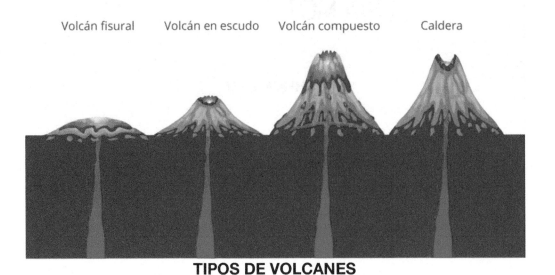

TIPOS DE VOLCANES

VOLCÁN

VOCABULARIO: HERRAMIENTAS

HERRAMIENTAS - ALBAÑILERÍA

ESPÁTULA

ESPÁTULA PARA RELLENAR

ESPÁTULA PARA YESO

MARTILLO

PISTOLA DE ALBAÑILERÍA

HERRAMIENTAS – CARPINTERÍA

LIJAS

MARTILLO

ESCUADRA PARA CARPINTERO

CINTA MÉTRICA

CLAVO

CLAVOS SIN CABEZA

TACHUELA

LIMA DE HERRAMIENTAS

DESTORNILLADOR PLANO

DESTORNILLADOR DE ESTRÍAS

DESTORNILLADOR ELÉCTRICO

HERRAMIENTAS – MECÁNICA

ARANDELAS PLANAS

CORREA DE HERRAMIENTAS

CAJA DE HERRAMIENTAS

ALICATE DE PRESIÓN

LLAVE DE ESTRELLA

LLAVE DE TUERCAS

LLAVE DINAMOMÉTRICA

LLAVE INGLESA

DESTORNILLADOR PLANO

MARTILLO DE BOLA

DESTORNILLADOR DE ESTRÍAS

HERRAMIENTAS – ELECTRICIDAD

ALICATE DE PUNTA

ALICATE UNIVERSAL

DETECTOR DE TENSIÓN

LÁMPARA DE PRUEBA DE NEÓN

LINTERNA GRANDE MÓVIL

PINZA MULTIUSO

SOLDADOR ELÉCTRICO

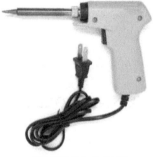

PISTOLA DE SOLDAR

MULTÍMETRO DIGITAL

HERRAMIENTAS – SOLDADURA

**GAFAS O LENTES
DE PROTECCIÓN**

**MÁQUINA DE
SOLDAR**

**VARILLAS PARA
SOLDAR**

**GUANTES PARA
SOLDADOR**

**TANQUES
SOLDADURA
OXIACETILENO**

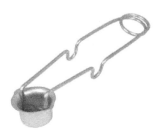

**ENCENDEDOR PARA
SOLDADURA**

**SOPLETE CON MANGUERA PARA
SOLDADURA DE OXIACETILENO**

CILINDRO DE GAS CON SOPLETE

HERRAMIENTAS - JARDINERÍA

CARRETILLA

RASTRILLO

PODADORA A GASOLINA

CUERDA

CUCHARA, TRIDENTE Y TRANSPLANTADOR

GUANTES DE JARDINERÍA

HACHA

MANGUERA

PALA DE EXCAVAR

PLANTADOR DE BULBOS

REGADERA

TIJERA DE JARDÍN

HERRAMIENTAS - MANTENIMIENTO O PINTURA

BANDEJA DE PINTURA

BROCHA

ESCALERA

ESCALERA EXTENSIBLE

ESPÁTULA

RODILLO

HERRAMIENTAS – PLOMERÍA

CINTAS TEFLÓN

DESTRANCADOR

LLAVE DE TUBO O STILLSON

AYUDANTE DE PLOMERO

SOGA DESTAPACAÑERÍA

LLAVE AJUSTABLE O FRANCESA

SEGUETA

PINZA PICO DE LORO

TALADRO

VOCABULARIO: PAÍSES

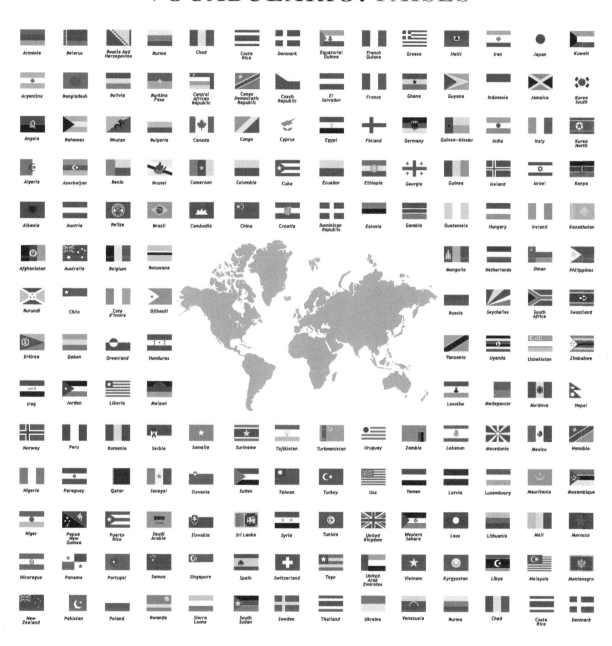

PAÍSES - ÁFRICA

PAÍSES - AMÉRICA CENTRAL

PAÍSES - AMÉRICA DEL SUR

PAÍSES - ASIA

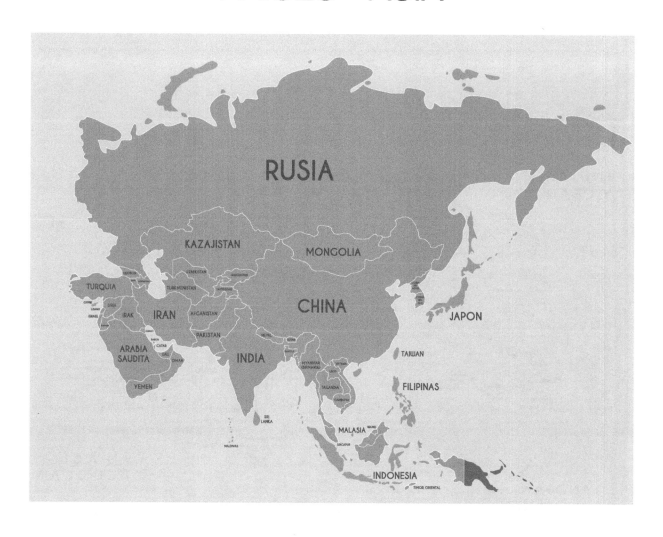

PAÍSES - AUSTRALIA

PAÍSES – CANADÁ

PAÍSES - EUROPA

PAÍSES - ISLAS DEL CARIBE

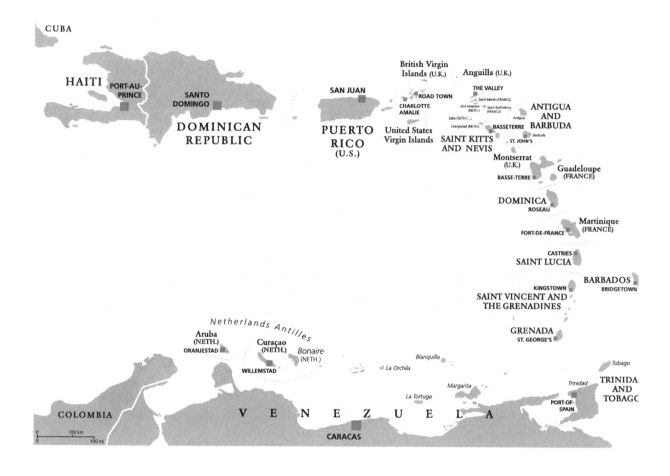

PAÍSES - NORTEAMÉRICA

VOCABULARIO: SOCIEDAD

SOCIEDAD

AMBULANCIA

AMPOLLA

ANDADERA

BANDERAS

BASTÓN

BILLETES DE DÓLARES

BILLETES DE EUROS

BOMBERO

BOTAS DE CONSTRUCCIÓN

CAJERO AUTOMÁTICO

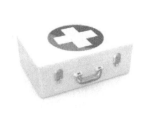

CAJA DE PRIMEROS AUXILIOS

CAMILLA MÉDICA

CÁPSULA

CÁPSULA DE GEL

CARRO DE POLICÍA O PATRULLA

CARRO DE BOMBEROS

CENTRO COMERCIAL

CHEQUE

COLEGIO O ESCUELA

CORREA PARA POLICÍA

CUARTO DE HOTEL

DETECTOR DE HUMO

EDIFICIO PARA OFICINAS

ESPOSAS

EXTINTOR

GUANTES DE LÁTEX

HACHA

INHALADOR PARA EL ASMA

HABITACIÓN DE HOSPITAL

HOSPITAL

IGLESIA

INYECTADORA

JARABE PARA LA TOS

MASCARILLA

MEZQUITA

MONEDAS DE EURO

MULETAS

MULETAS DE ANTEBRAZO

PASTILLA

PICA DE BOMBEROS

PISTOLA DE POLICÍA

POLICÍAS

CASCO DE PROTECCIÓN

MÁSCARA DE PROTECCIÓN

PROTECCIÓN PARA OÍDOS Y OJOS

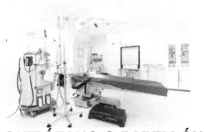

QUIRÓFANO O PABELLÓN

RECEPCIÓN DE HOTEL

RESTAURANTE

SEMÁFORO

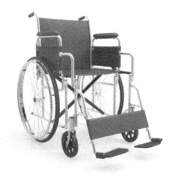

SILLA DE RUEDAS

SINAGOGA

SÓTANO

TARJETA DE CRÉDITO

TARJETA DE DÉBITO

TENSIÓMETRO

TERMÓMETRO DIGITAL

TRIBUNAL

PUNTO DE DÉBITO

VOCABULARIO: VEGETACIÓN

VEGETACIÓN - ÁRBOLES

ABEDUL   **ÁLAMO**   **ARCE**

CEDRO DEL LÍBANO   **HAYA**

LLORÓN

PALMERA

PIÑA

PINO

PINO PIÑONERO

PIÑONES

ROBLE

TRANSVERSAL DEL TRONCO

Las partes de un árbol

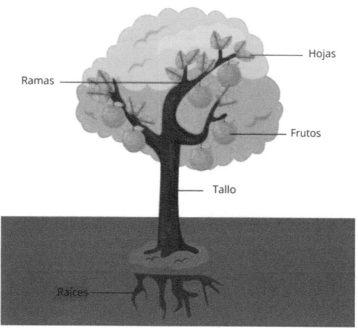

Hojas

Ramas

Frutos

Tallo

Raíces

PARTES DE UN ÁRBOL

VEGETACIÓN - CEREALES

PLANTA DE ARROZ

PLANTA DE MAÍZ

PLANTA SORGO

TRIGO

VEGETACIÓN - FLORES

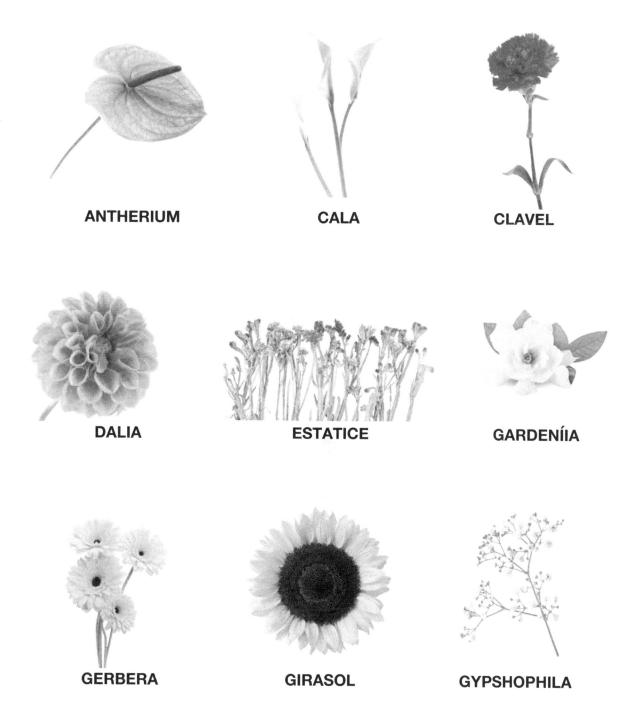

ANTHERIUM

CALA

CLAVEL

DALIA

ESTATICE

GARDENÍIA

GERBERA

GIRASOL

GYPSHOPHILA

HELECHO

LIRIO ASIÁTICO

ORQUÍDEA

SOLIDAGO

TULIPÁN

RANÚNCULO

ROSA

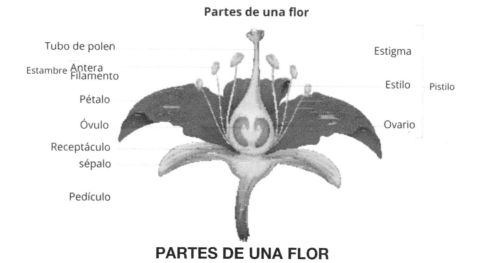

PARTES DE UNA FLOR

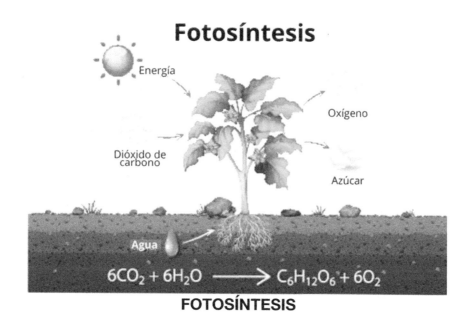

FOTOSÍNTESIS

VEGETACIÓN - FRUTOS SECOS

ANIS ESTRELLADO

**CORTE DE
AVELLANA**

**CORTE DE UNA
NUEZ**

CORTE DEL GUISANTE

PLANTA DE MOSTAZA

VEGETACIÓN – HOJAS

HELECHO

HOJA ASTADA

HOJA DE FORMA RENIFORME

VEGETACIÓN - HONGOS

HONGO

HONGO MORTAL

HONGO VENENOSO

VEGETACIÓN - LÍQUEN

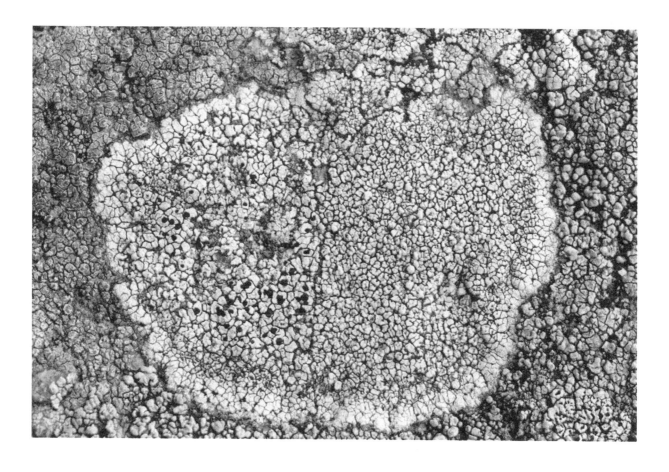

VEGETACIÓN – ALGAS

ALGA

ALGA ROJA

ALGA VERDE

VEGETACIÓN – SUSTRATO

ESFAGO O SUSTRATO NATURAL

VEGETACIÓN – UVAS

CEPA DE VINO

HOJA DE UVA

LA UVA

TIPOS DE CEPAS: UVA VERDE, UVA MORADA Y UVA ROJA

Made in the USA
Monee, IL
28 May 2025